Das Dutch Oven Rezeptbuch für Anfänger, Berufstätige und Faule

800 Tage Das XXL Kochbuch mit 140 einfachen und leckeren Rezepten: Ideal für Outdoor-Fans, Hobbyköche und Camper – Grillen und kochen

Peter Wagner

Table of Contents

...den Dutch Oven!

Dutch Oven ...?

Was ist das genau? Und was bedeutet der Name?

Der Dutch Oven, oft auch DO abgekürzt, ist ein aus schwerem Gusseisen gefertigter meist dreibeiniger Brat-, Koch- und Backtopf mit ebenso massivem Deckel, der vor allem Outdoor über glühenden Briketts eingesetzt wird oder auch über offenem Feuer.

Mit dem DO kann ganz ohne die Zuhilfenahme von Gas oder Strom ein vielfältiges köstliches Mahl zubereitet werden, sogar Brot und Kuchen oder ein asiatischer Eintopf lassen sich damit zaubern, ganz ursprünglich-

natürlich auf Feuer, bzw. Glut. Wer einmal gekostet hat, was über Feuer gegart wurde, der weiß auch, dass es einfach anders schmeckt – viele sind der Meinung: aromatischer, würziger, einfach besser.

Der urige Gusseisen-Kessel, ein (Fast)-Alleskönner, der wegen seiner Outdoor-Qualitäten übrigens gerade Männer sehr begeistert, hat eine lange Tradition. Dazu gibt es mehrere Geschichten. Eine davon berichtet, dass die Niederländer, die „Dutch", bereits im 17. Jahrhundert fähige Hersteller von Metallguss-Kochtöpfen waren. Im 18. Jahrhundert schaute sich ein Engländer diese Technik ab, nahm sie mit nach England und entwickelte sie weiter. Die auf diese Weise in England hergestellten Kessel nannte er in Erinnerung an die Herkunft der Gusstechnik „Dutch Oven". Wörtlich übersetzt heißt der Topf daher: „Niederländischer Ofen", denn der Oven = Ofen ist nicht nur für Schmorgerichte gut, sondern dient auch zum Backen.

Wie auch immer, schließlich landete er mit europäischen Aussiedlern in den Vereinigten Staaten und fand dort zunächst bei den Pennsylvania Dutch Verbreitung.

Im Laufe all der Jahre wurde der Kessel weiterentwickelt, und wenn sich auch an seiner äußeren Form nicht viel geändert hat, so sind doch durchdachte Details hinzugekommen und nützliches Zubehör, das es erlaubt, ihn auf ganz unterschiedliche Art fürs Schmoren, Backen und Braten köstlicher Mahlzeiten zu nützen.

Durch das massive Gusseisen kann der DO, ist er einmal aufgeheizt, die Hitze lange speichern. Das ermöglicht ein schonendes Verarbeiten der Lebensmittel, da diese langsam über einen längeren Zeitraum gegart werden – viele typische DO-Gerichte müssen mehrere Stunden vor sich hin schmoren.

Dazu kommt, dass der Dutch Oven ganz eigene Möglichkeiten des Kochens bietet, die mit einem üblichen Kochtopf kaum zu bewerkstelligen sind: Wenn etwa Hauptspeise und Beilage zugleich vor sich hin brutzeln im Topf oder beim Auflauf schichtenweise alle Zutaten hineinkommen, ohne dass jede davor extra zubereitet werden muss.

Man nennt ihn auch Camp Oven oder Chuck Wagon Oven – und diese Namen verraten schon, dass der DO nicht einfach nur ein Kochkessel ist, sondern für eine Lebensphilosophie steht: „Leben und leben lassen", Naturverbundenheit und Outdoor-Leben. Camper- und Van-Life, unkomplizierte und deftige Mahlzeiten ohne viel Schnickschnack. Eintöpfe und Schmorgerichte, dazu frisches Brot aus dem „Oven". That's it!

Kleiner Leitfaden für Dutch Oven-

Einsteiger

Sie haben sich entschlossen: Ein Dutch Oven muss her! Sie möchten ihn kennen und lieben lernen!

Vielleicht haben Sie sich auch schon umgesehen und waren dann etwas überwältigt von den vielen Infos und unentschlossen. Deshalb erst mal einige grundlegende Überlegungen zur Anschaffung eines DO – zunächst: Soll es ein kleiner, ein großer, ein mittelgroßer sein? Ein runder oder ein eckiger? Einer mit oder einer ohne Füßchen?

Den DO gibt es in etlichen unterschiedlichen Größen, vom XXXL-Kessel, in dem man so viel Gulasch bereiten kann, dass eine ganze Fußballmannschaft samt Trainer und Schiedsrichter davon satt wird bis zu kleineren Modellen, die gerade mal für ein wenig Soße oder eine kleine Beilage reichen.

Die Größenangaben auf den Töpfen sind so gut wie immer in amerikanischen Maßeinheiten angegeben, nämlich Feet (ft) oder Inch, manchmal auch in Quarter.

Hier eine kleine Übersicht über einige der beliebtesten Topfgrößen und wie viele Personen damit kulinarisch versorgt werden können.

Größe in ft	Personen	Inhalt Topf	Topfweite x Höhe x Boden	Gewicht
ft 3	1 – 3	1,8 Liter	25,5 x 21 x 11 cm	2,4 kg
ft 6	4 – 8	6,1 Liter	36,5 x 31,5 x 14 cm	5,3 kg
ft 9	8 – 14	8 Liter	36,5 x 31,5 x 18 cm	6,3 kg
ft 12	14 – 20	11,5 Liter	32 x 37 x 18 cm	8,2 kg

Erfahrene DO-User empfehlen für den Anfang entweder ft 6 oder ft 9 – oder beide. Damit deckt man schon einiges ab. Hat man vor, viel zu backen, sind der 9er und der 12er DO ideal. Fürs Backen und für Aufläufe bietet sich eventuell ein zusätzlicher viereckiger DO an ansonsten werden zumeist die runden Töpfe favorisiert.

Die nächste Überlegung betrifft die Füßchen – ja oder nein.

Wenn man vorhat, sowieso immer auf Holzkohle oder glühenden Briketts zu kochen, ist das Modell mit Füßchen die richtige Wahl. Möchte man den Kessel allerdings auch Indoor auf dem Herd nutzen, wird man sich für einen ohne Füßchen entscheiden – damit ist man flexibler, denn direkt ins Feuer oder über die Glut kann man den füßchenlosen Topf mithilfe eines Edelstahlgestells dennoch stellen.

Wie überprüfen Sie die Qualität?

Da gibt es einen ganz einfachen Trick, zumindest mal oberflächlich einen ersten Eindruck zu bekommen: Genau hinschauen – wie sieht das Gusseisen aus? Ist es eher hell und hat große Poren? Dann sollten Sie die Finger von dem Stück lassen. Wenn der Pott dann auch noch unverschämt leicht ist, sollten Sie hier nichts investieren, denn ein wirklich guter DO ist schwer. Und was die Farbe betrifft: schwarz. Die Qualität Ihres Dutch Oven sollte so beschaffen sein, dass Sie ihn sogar weitervererben können, weil er quasi „unkaputtbar" ist.

Ein weiteres Qualitätskriterium, das Sie beim Kauf beachten sollten: Der Deckel muss wirklich dicht auf dem Topf sitzen, denn dies macht einen entscheidenden Unterschied beim stundenlangen Garen und Schmoren. Sicher fällt Ihnen dabei auch auf, dass im Deckel ein kleiner Auslass ist – hier kann mit einem Messfühler die Kerntemperatur des Koch- oder Backguts geprüft werden.

Erste Schritte mit Ihrem neuen Dutch

Oven

Sie haben sich für ein Modell entschieden, es erstanden, erwartungsvoll heben Sie das Prachtstück aus dem Transportkarton.

Hier einige Details, die Ihnen wahrscheinlich gleich auffallen:

- Der Kessel hat einen Henkel – dieser dient dazu, wenn man, ganz urig, den DO auf einem Dreibein über offenem Feuer aufhängen und auf diese Art kochen möchte. Und natürlich dient er auch zum Tragen des Potts.
- Der Deckel hat einen hochgezogenen Rand, der dafür sorgt, dass die glühenden Briketts, die zur Erzeugung von Oberhitze auf den DO gelegt werden, nicht hinunterfallen können und die Asche, die dabei entsteht, beim Öffnen nicht in den Topf.
- Weiteres interessantes Detail am Deckel: drei Füßchen. Kleiner als am Kessel unten, jedoch für denselben Zweck – da der Deckel, umgedreht, auch als Pfanne verwendet werden kann, steht das Ding dann auf seinen drei Beinchen sicher in der Glut und man kann unbesorgt darin brutzeln und braten.

Doch bevor Sie Ihren DO endlich fürs Chili con Carne verwenden können, steht noch ein wenig Vorbereitung an: das gute Stück muss eingebrannt werden. Damit versiegelt man die Poren im Gusseisen und sorgt dafür, dass eine Patina entsteht, die das Anhaften der Speisen verhindert und den Topf vor allzu grober Verschmutzung und Rost schützt.

Einige Hersteller ersparen dem Käufer diese Prozedur, die Töpfe werden schon eingebrannt ab Werk geliefert. Sollte das bei Ihrem neuen Pott nicht der Fall sein, haben wir hier für Sie aufgelistet, was getan werden muss. Empfohlen wird das Einbrennen auf einem Gasgrill im Freien, da dabei viel Qualm entsteht, es geht jedoch auch im heimischen Backrohr:

- Spülen Sie den Topf mit heißem Wasser aus und lassen ihn dann entweder im Backrohr oder Gasgrill bei 100° trocknen.
- Den trockenen Kessel reiben Sie nach dem Auskühlen komplett mit Pflanzenöl oder Einbrennpaste ein.
- Der Gasgrill wird nun auf 250° erhitzt, der Topf verkehrt hineingestellt und etwa eine Stunde lang der Hitze ausgesetzt.
- Diese Prozedur sollten Sie für ein gutes Ergebnis mehrmals wiederholen. Danach hat Ihr DO eine gleichmäßige schwarze Patina – perfekt!

Anwendung und Zubehör .... Und

wie ist das mit den Briketts .....?

Der DO wird vorwiegend über und mit Glut verwendet, wobei sowohl unter dem Kessel vorgeglühte Briketts platziert werden wie auch auf dem Deckel.

In Rezepten für den DO wird zumeist nicht angegeben, wie viele glühende Briketts wo platziert werden sollen, da dies auch von der Größe des Topfs, der Qualität der Briketts und nicht zuletzt vom Wetter (Außentemperatur) abhängt. Es gibt jedoch ein paar Überlegungen dazu, um als Einsteiger nicht völlig ohne jede Richtlinie dazustehen:

- Anfangs eher weniger Briketts verwenden, da man stets noch weitere dazulegen kann, bei zu vielen jedoch die Gefahr besteht, dass das Essen anbrennt.
- Braten und Anbraten: Unterhitze, Briketts nur unten
- Backen: Oberhitze sollte etwas größer sein, deshalb platziert man oben etwas mehr als unten
- Schmoren: gleichmäßige Hitze, oben und unten etwa gleich viele Briketts
- Kochen: Hitze von unten, daher zwei Drittel der Briketts unten, ein Drittel oben

Weitere Anhaltspunkte für Anzahl und Aufteilung der Briketts finden Sie in der folgenden Tabelle:

Größe	oben/unten ca. 180°	oben/unten ca. 220°
ft 3	5 / 3	9 / 5
ft 6	14 / 10	20 / 10
ft 9	15 / 9	21 / 9
ft 12	17 / 11	25 / 13

Was sind nun die wichtigsten Zubehörteile, um endlich mit dem Brutzeln zu beginnen?

Es ist ganz simpel: Briketts (klar ...), Anzündkamin, um sie vorzuglühen und ein Grillanzünder.

Damit Sie sich nicht die Finger verbrennen, sind Grillhandschuhe und ein Deckelheber für den sehr schweren und im Betrieb sehr heißen Deckel unerlässlich.

Eine feuerfeste Unterlage, auf der die glühenden Briketts aufgelegt werden können, wäre zum Beispiel der Feuertisch oder ein Feuertopf, auf dem der Pott bequem aufgesetzt werden kann.

Das wäre mal die Grundausstattung.

Im Laufe der Zeit werden Sie weiteres Zubehör entdecken, das die Möglichkeiten des DO noch erweitert. So ist beispielsweise ein Stapelrost nie verkehrt – er wird auf den Topfboden gestellt und hält so das Kochgut, wenn nötig, vom Topfboden fern. Außerdem sind mehrere Roste, wie schon der Name sagt, stapelbar, sodass im Dutch Oven auf mehreren Ebenen zugleich gegart werden kann.

Lange Freude am Dutch Oven: Rund um Pflege und Aufbewahrung

Der DO ist ein recht genügsamer Geselle, was die Pflege und Wartung anbelangt – nicht umsonst gilt er als robustes Outdoor-Gerät. Einige wenige Anforderungen stellt er jedoch schon – und die sollte man auch beherzigen.

Nach der Essenszubereitung reinigen Sie Ihren DO einfach mit heißem Wasser und einem weichen Tuch – kein Spülmittel verwenden! Dieses würde erstens die Patina zerstören und außerdem in die Poren des Gusseisens eindringen.

Aufpassen – in den noch heißen Topf kein kaltes Wasser gießen, er könnte Risse bekommen!

Mit einem Holzschaber entfernen Sie vorsichtig eventuelle Verkrustungen. Auch der Ringreiniger, ein „Lappen" aus ineinander gehängten Metallringen, hilft bei der Entfernung hartnäckiger Krusten.

Den Deckel reinigt man am besten, indem man mit einem Handfeger die Asche herunterkehrt und ihn danach mit Wasser abspült.

Nun muss der Topf noch mit Öl eingelassen werden – man kann dazu etwas Olivenöl nehmen und mit einem Küchentuch verreiben, mancher schwört auf Kokosöl. Es gibt aber auch Pflegepasten zu kaufen für diesen Zweck.

Für die Aufbewahrung sollte der DO auf jeden Fall sauber und geölt sein – Reinigung und Einölen sollten nach jeder Verwendung erfolgen. Wird er voraussichtlich länger nicht gebraucht, empfiehlt es sich, ins Innere etwas Küchenkrepp einzulegen, um Feuchtigkeit aufzunehmen (Gusseisen rostet!). Zwischen Topf und Deckel legt man ein mehrfach zusammengefaltetes Tuch, um den Deckel einen Spaltbreit offen zu halten und so das Zirkulieren der Luft im Inneren zu ermöglichen.

Das waren erst einmal die wichtigsten Eckdaten, um mit dem DO-Spaß beginnen zu können.

Was werden Sie als erstes brutzeln in Ihrem neuen Topf? Das Gulasch? Das Schichtfleisch? Oder wagen Sie sich gleich ans Brotbacken?

Wir können Ihnen versprechen, dass Sie dabei viel Freude haben werden – und zugleich auch eine ganz neue „Welt" entdecken werden: die Welt der Dutch Oven-Fans!

Viel Spaß!

REZEPTE

FRÜHSTÜCK

Schnelles Frühstück mit Eiern und Bacon

ZUTATEN FÜR 1 PORTION:

- 100 g Frühstücksspeck (Bacon), in dünnen Scheiben
- 2 Eier
- etwas Bacon-Salz (siehe „Dips & Rubs")

NÄHRWERTE GESAMT:

279 kcal | 2 g Kohlenhydrate | 27 g Eiweiß | 18 g Fett

ZUBEREITUNG:

1. Der Topfdeckel wird als Pfanne verwendet - stellen Sie ihn mit den kleinen „Füßchen" nach unten auf einen „Pfannenknecht" (Rost) über den glühenden Briketts.
2. Nun legen Sie die Baconscheiben nebeneinander ein und braten sie, bis sie knusprig sind, dabei wenden Sie sie mehrmals. Dabei tritt Fett aus den Scheiben aus.
3. Dann nehmen Sie die knusprigen Baconscheiben heraus und braten im Fett zwei Spiegeleier, die Sie mit Baconsalz würzen.

Fertig!

Deftiges Frühstücksomelett

ZUTATEN FÜR 2 PORTIONEN:

- 5 Eier
- 2 EL Milch
- Salz, Pfeffer
- 3 mittegroße gekochte Kartoffeln, geschält und abgekühlt
- 3 dicke Scheiben Salami, etwa 80 g
- 1 große Zwiebel
- 1 rote Chilischote, entkernt und fein gehackt
- 1 EL Öl
- 50 g Grana Padano oder Cheddar, grob gehobelt

NÄHRWERTE PRO PORTION

610 kcal | 29 g Kohlenhydrate | 34 g Eiweiß | 38 g Fett

ZUBEREITUNG:

1. Geben Sie die Milch in eine größere Schüssel, schlagen Sie die 5 Eier auf und fügen Sie sie hinzu.
2. Dann salzen und pfeffern Sie die Mischung und schlagen sie mit einem Schneebesen schaumig.
3. Die gekochten Kartoffeln schneiden Sie in kleine Würfelchen. Ebenso werden die Salamischeiben und die Zwiebel gewürfelt.
4. Für dieses Omelett wird der Deckel des Dutch Oven als Pfanne verwendet.

Zwiebel, Kartoffeln und Salami braten Sie nun 5 Minuten lang im Öl, nach etwa 2 Minuten fügen Sie die gehackte Chilischote hinzu und braten sie mit, dann salzen und pfeffern Sie.

5. Danach gießen Sie die Ei-Milchmischung darüber und lassen sie stocken, eventuell nehmen Sie einige Briketts unter der Pfanne weg, da hierfür nicht dieselbe Hitze benötigt wird wie fürs Braten.
6. Nun verteilen Sie den gehobelten Käse auf der gestockten Masse.
7. Setzen Sie den DO-Kessel „upside down" auf die Pfanne als Abdeckung, bis der Käse geschmolzen und goldbraun ist.

Baked Beans / vegan

ZUTATEN FÜR 4 PORTIONEN:

- 500 g getrocknete weiße Bohnen

- 1 große Zwiebel, gehackt
- 1 kleine Tasse Ketchup oder in Wasser angerührtes Tomatenmark
  (2 EL)
- ½ kleine Tasse brauner Zucker
- 1/3 Tasse Melasse oder Ahornsirup
- 1 TL Senf
- 1 ½ TL Salz
- 1 TL frisch gemahlener Pfeffer

NÄHRWERTE PRO PORTION

479 kcal │ 99 g Kohlenhydrate │ 13 g Eiweiß │ 1 g Fett

ZUBEREITUNG:

1. Weichen Sie die Bohnen einen Tag davor im Dutch Oven über Nacht ein.

2. Am Tag darauf gießen Sie das Einweichwasser ab, gießen dieselbe Menge frisches Wasser zu und lassen die Bohnen etwa 1 Stunde bei niedriger Hitze köcheln. Dabei sollten Sie immer wieder nachsehen, ob noch genug Wasser im Topf ist.

3. Danach gießen Sie das Kochwasser in ein Gefäß ab und stellen es zur Seite.

4. Zu den Bohnen im Topf fügen Sie nun die gehackte Zwiebel, die Melasse, den Zucker, den Senf und den Ketchup hinzu, salzen und pfeffern alles und geben eine Tasse des aufgefangenen Kochwassers hinzu. (Das restliche Kochwasser stellen Sie wieder zur Seite).

5. Nun schließen Sie den Topf und lassen alles bei etwa 150° ungefähr 4 ½ Stunden schmoren, bis das Gericht die gewünschte Konsistenz hat. Dabei immer wieder nachsehen, ob noch ausreichend Flüssigkeit im Topf ist – wenn nötig, gießen Sie etwas vom zurückbehaltenen Kochwasser zu.

Nicht-vegane Variante:

Dazu passen gebratener Frühstücksspeck oder Würstchen und Spiegelei.

Die Baked Beans eignen sich auch gut als Beilage zu Fleischspeisen.

Süßes Pfannkuchen-Frühstück / vegetarisch

ZUTATEN FÜR 4 PORTIONEN:

- 200 g Mehl
- 400 ml Milch
- 2 Eier
- 2 EL Zucker
- 1 Tütchen Vanillezucker
- 1 TL Backpulver
- ½ TL Salz
- 2 EL Öl
- 1 kleine Flasche Ahornsirup
- frische Beeren wie z.B. Erdbeeren oder Heidelbeeren

NÄHRWERTE PRO PORTION

497 kcal | 85 g Kohlenhydrate | 9 g Eiweiß | 13 g Fett

ZUBEREITUNG:

1. Vermischen Sie Mehl, Zucker, Vanillezucker und Backpulver in einer großen Schüssel und rühren Sie die Milch ein, bis ein dickflüssiger Teig entsteht.

2. Die Eier werden in eine eigene Schüssel geschlagen, verquirlt und zum Teig gerührt.

3. Zum Herausbacken der Pancakes können Sie den Deckel des Dutch Oven verwenden, er wird mit den „Füßchen" nach unten auf einen „Pfannenknecht" über die glühenden Briketts gestellt.

4. Bepinseln Sie den Pfannenboden mit etwas Öl. Mit einer kleinen Schöpfkelle entnehmen Sie Teig aus der Schüssel und gießen ihn in die heiße Pfanne.

5. Nach etwa 1 bis 2 Minuten wenden Sie den Pancake und backen ihn auf der anderen Seite eben solange. So weiter backen, bis der Teig aufgebraucht ist.

6. Zum Servieren stapeln Sie einige Pancakes auf jedem Teller übereinander, beträufeln sie mit Ahornsirup, garnieren sie mit Beeren und streuen etwas Puderzucker darüber.

Shakshuka / vegetarisch

ZUTATEN FÜR 4 PORTIONEN:

- 2 Paprikaschoten, rot und gelb

- 10 Zehen Knoblauch

- 6 EL Olivenöl

- 1 mittlere rote Zwiebel

- ½ TL Paprikapulver

- 500 g geschälte Tomaten in der Dose

- 2 kleine rote Chilischoten

- 3 EL Zuckerrübensirup

- 1 TL Chipotlepulver (gemahlene geräucherte Japalenos = mexikanische Chilis)

- ½ TL gemahlener Koriander

- 100 g Fetakäse, in kleine Würfel geschnitten

- ca. 10 Stück grüne Oliven ohne Kern, in Scheibchen geschnitten (optional)

- 1 kleiner Bund grüner Koriander (optional)

NÄHRWERTE PRO PORTION

435 kcal │ 31 g Kohlenhydrate │ 10 g Eiweiß │ 29 g Fett

ZUBEREITUNG:

Der Deckel des Dutch Oven wird als Pfanne verwendet und steht mit den „Füßchen" in den glühenden Briketts oder auf einem Rost. Der Dutch Oven-Kessel wird dann „upside down" über die Pfanne gestülpt.

1. Schneiden Sie die Paprikaschoten der Länge nach in Streifen.

2. Die Zwiebel schälen und grob hacken, der Knoblauch wird ebenfalls geschält und in feine Scheibchen geschnitten.

3. Reichlich Olivenöl in der Pfanne erhitzen und die Zwiebel darin anrösten, dann geben Sie die Paprikastreifen dazu und rösten sie mit.

4. In der Mitte der Pfanne schaffen Sie nun etwas Platz, indem Sie die Paprikastreifen und Zwiebel an den Rand schieben und geben den Knoblauch in die Mitte, wo Sie ihn gut anrösten und schließlich mit dem restlichen Gemüse vermischen.

5. Nun streuen Sie das Paprikapulver darüber und rühren dabei weiter um.

6. Als nächstes fügen Sie die geschälten Tomaten aus der Dose hinzu. Verteilen Sie die Tomaten gut in der ganzen Pfanne und drücken Sie ein wenig mit dem Kochlöffel darauf, sodass der Saft austritt.

7. Nun stülpen Sie den Kessel des Dutch Oven über die Pfanne und lassen alles 5 Minuten lang schmoren.

8. Währenddessen schneiden Sie die Chilis in kleine Ringe, geben sie in eine Schale und fügen den Zuckerrübensirup hinzu, das Chipotlepulver rühren Sie in die Masse ein. Falls die Masse zu zäh ist, können Sie noch etwas Olivenöl dazumischen.

9. Diese Paste rühren Sie nun zum schmorenden Gemüse und vermischen alles gut, würzen mit Koriander und geben den Feta zu. Den Kessel setzen Sie dann wieder auf die Pfanne und lassen alles weitere 10 Minuten schmoren.

10. Nun nehmen Sie den Kessel von der Pfanne und lassen die Speise etwas einkochen. Danach schlagen Sie drei Eier in gleichem Abstand auf das Gemüse. Mit dem Kochlöffel verquirlen Sie vorsichtig das Eiweiß rund um die drei Dotter mit dem Gemüse, die Dotter sollten dabei nicht beschädigt werden. Nun werden die Oliven zugegeben. Würzen Sie die Eier mit Salz und Pfeffer.

11. Den Kessel wieder auf die Pfanne stülpen und ziehen lassen, bis die Eier gestockt sind. Mit frischem Koriander servieren.

Dazu passt Fladenbrot oder Weißbrot.

Baltisches Omelett

ZUTATEN FÜR 6 PORTIONEN:

- 4 Bratwürste
- 100 g Bauchspeck, klein gewürfelt
- 150 g Cocktailtomaten, halbiert
- 5 Eier
- 100 g Mozzarella, gerieben
- 2 Stk. Frühlingszwiebeln mit Grün, in Ringe geschnitten
- etwas Petersilie
- 1 EL Öl

NÄHRWERTE PRO PORTION

485 kcal | 4 g Kohlenhydrate | 21 g Eiweiß | 41 g Fett

ZUBEREITUNG:

Hinweise zur Verwendung des Dutch Oven-Deckels als Pfanne bei „Shakshuka"

1. Schneiden Sie die Bratwürste der Länge nach durch und auf der Oberseite mehrmals schräg ein.

2. Nun erhitzen Sie das Öl in der Pfanne und braten darin kurz die Bauchspeckwürfel.

3. Dann legen Sie die Bratwursthälften dazu, und zwar mit der eingeschnittenen Seite nach unten und braten sie, bis die Schnitte aufspringen, dann drehen Sie sie um und fügen die halbierten Cocktailtomaten zu. Alles unter vorsichtigem Rühren weiterbraten, bis die Tomaten gut durchgegart sind.

4. Nun schlagen Sie die Eier auf, verquirlen sie und gießen sie in die Pfanne.

5. Wenn die Eier gestockt sind, streuen Sie den geriebenen Mozzarella darüber und decken die Pfanne mit dem Kessel „upside down" zu. Lassen Sie das Gericht schmoren, bis der Käse geschmolzen ist.

6. Zum Servieren streuen Sie die Frühlingszwiebelröllchen und gehackte Petersilie über das Omelett.

FLEISCH, FISCH & WILD

Schichtfleisch / Partyrezept

Ein beliebtes deftiges Gericht, Dutch Oven-Klassiker, Einsteiger-Rezept

ZUTATEN FÜR 12 PORTIONEN:

- 3,5 kg Schweinefleisch (Nacken, ohne Knochen)
- 400 g Frühstücksspeck (Bacon)
- 3 Gemüsezwiebeln
- 2 Paprikaschoten
- Kartoffeln, nach Bedarf
- BBQ-Rub (siehe Dips & Rubs)

- 250 ml BBQ-Sauce

NÄHRWERTE PRO PORTION

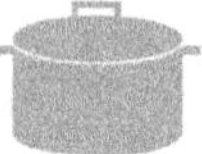

628 kcal | 7 g Kohlenhydrate | 76 g Eiweiß | 35 g Fett

ZUBEREITUNG:

1. Da das Fleisch etwa 12 Stunden lang mariniert werden soll, beginnen Sie bereits am Tag davor mit den Vorbereitungen. Den Schweinenacken schneiden Sie mit einem scharfen Messer in etwa daumendicke Scheiben, reiben ihn mit dem BBQ-Rub gut ein und stellen ihn zugedeckt in den Kühlschrank.

2. Bevor Sie am nächsten Tag die Zutaten in den Dutch Oven schichten, werden erst mal die Briketts angeheizt. Bis zur Entstehung der Glut haben Sie nun ausreichend Zeit, um das Gemüse in nicht zu dünne Ringe zu schneiden.

3. Den Boden des Dutch Oven legen Sie mit den Frühstücksspeck-Scheiben aus – das gibt nicht nur herrlich deftigen Geschmack, sondern dient auch dazu, dass das Fleisch nicht am Topfboden anhaftet.

4. Die erste Schicht der Schweinenackenscheiben legen Sie nun – aufrecht! – ein, darauf folgt eine Schichte Gemüse, danach wieder Fleisch, immer abwechselnd, bis alles verbraucht ist. Sollte der Topf noch nicht ganz voll sein, können Sie ihn mit rohen Kartoffelscheiben auffüllen – so gart die Beilage gleich mit.

5. Die BBQ-Sauce gießen Sie nun obenauf über Fleisch und Gemüse. Da das Gemüse beim Garen Wasser abgibt, ist es nicht nötig, mehr Flüssigkeit beizufügen.

6. Deckel drauf, der Topf wird in die Glut gestellt und soll nun ungefähr 3 Stunden bei etwa 180° schmoren. Einen Teil der glühenden Briketts legen Sie auf den Topfdeckel.

Dazu passen Brötchen oder frisches Brot, auch Reis und Nudeln schmecken als Beilage.

Saftgulasch

ZUTATEN FÜR 8 PORTIONEN:

- 1,5 kg Rindfleisch (Wadschinken: Fleisch von der vorderen Rinderwade)
- 1,5 kg Zwiebel
- 6 Zehen Knoblauch
- 150 g Schweineschmalz
- Bio-Zitrone, Abrieb
- 2 EL Essig
- 3 EL Tomatenmark
- Paprikapulver, edelsüß
- 2 TL gemahlener Kümmel
- 2 TL Majoran
- Cayennepfeffer oder Chilischote
- Pfeffer, Salz

NÄHRWERTE PRO PORTION

434 kcal | 11 g Kohlenhydrate | 38 g Eiweiß | 25g Fett

ZUBEREITUNG:

1. Schneiden Sie das Fleisch mit einem scharfen Messer in etwa 5 Zentimeter große Würfel. Nur besonders große Sehnen entfernen, alles andere dran lassen, da es durch die lange Schmorzeit zerkocht. Zwiebeln schälen und hacken.

2. Dutch Oven direkt auf die glühenden Briketts stellen und das Schmalz flüssig werden lassen. Fügen Sie nun die gehackten Zwiebeln hinzu und braten Sie sie unter ständigem Rühren, bis sie goldgelb, jedoch nicht zu dunkel sind.

3. Nun rühren Sie 2 EL edelsüßes Paprikapulver und den Cayennepfeffer ein (oder legen statt des Cayennepfeffers eine ganze Chilischote in den Topf), geben noch 3 EL Tomatenmark dazu. Alles unter Rühren nicht zu lange rösten, mit 2 EL Essig ablöschen, das Fleisch dazu mischen und noch mal gut durchrühren.

4. Danach geben Sie Majoran, Kümmel und Zitronenabrieb hinzu, wieder gut durchrühren und nun gießen Sie so viel Wasser auf, bis das Fleisch bedeckt ist.

5. Den Topf verschließen Sie nun mit dem Deckel und lassen das Gulasch erst mal eine Stunde bei etwa 180-200° schmoren. Dann sehen Sie nach, ob noch ausreichend Flüssigkeit im Topf ist und gießen ggf. Wasser hinzu.

Danach noch einmal 1,5 bis 2 Stunden schmoren.

Dazu passen frische Brötchen und grüner Salat.

Chili con Carne

ZUTATEN FÜR 6 PORTIONEN:

- 400 g Hackfleisch vom Rind
- 400 g Rindergulaschfleisch, in mundgerechte Würfel geschnitten
- 3 El Öl
- 2 mittelgroße Zwiebeln, gehackt
- 3 Zehen Knoblauch, gehackt
- 3 Chilischoten, entkernt und in Ringe geschnitten
- 3 EL Tomatenmark
- 1 Dose Tomaten, 500 g
- 1 Dose Kidneybohnen, abgetropft
- 1 Dose Mais
- 1/8 l starker Kaffee (optional)
- zwei kleine Würfel sehr dunkle Schokolade oder 1 EL ungesüßter Kakao (optional)
- 400 ml Rinderbrühe
- 1 EL Chilipulver
- 1 EL Oregano
- Kreuzkümmel, Koriander
- Salz, Pfeffer

773 kcal | 43 g Kohlenhydrate | 65 g Eiweiß | 35 g Fett

ZUBEREITUNG:

1. Rösten Sie die Zwiebeln im Öl an, etwas später den Knoblauch mitrösten.
2. Hackfleisch und Gulaschfleisch werden unter ständigem Wenden mitgeröstet, bis beides die rote Farbe verliert.
3. Mit ganz wenig Rinderbrühe ablöschen, nicht zu viel nehmen!
4. Nun rühren Sie den Zucker ein, er soll karamellisieren, danach fügen Sie sofort Tomatenmark und Chilipulver hinzu und löschen rasch mit Dosentomaten, Rinderbrühe und Kaffee (optional) ab.
5. Fügen Sie Gewürze und Chilischoten hinzu und rühren die Schokolade (oder das Kakaopulver) ein (optional).
6. Nun lassen Sie das Gericht 45 Minuten lang köcheln.
7. Zuletzt geben Sie Bohnen und Mais dazu und lassen alles noch einmal bei mittlerer Hitze 30 Minuten köcheln.

Gut dazu schmecken Fladenbrot oder Weißbrot.

Rindsrouladen

ZUTATEN FÜR 4 PORTIONEN:

- 6 Rinderschnitzel à 200g, dünn geschnitten (Oberschale)
- 500 g Karotten, gestiftelt
- 1 kleines Glas Essiggurken, gestiftelt
- 100 – 150 g in dünne Scheiben geschnittener Speck
- 1 Liter Rinderbrühe
- etwas Wurzelgemüse wie gelbe Rüben, Petersilienwurzel oder Pastinaken, nach Belieben
- Senf, Salz, Pfeffer
- etwas Mehl

NÄHRWERTE PRO PORTION

400 kcal | 9 g Kohlenhydrate | 49 g Eiweiß | 18 g Fett

ZUBEREITUNG:

1. Schnitzel klopfen und dünn mit Senf bestreichen, salzen und pfeffern. Darauf verteilen Sie die gestiftelten Karotten und Essiggurken.
2. Vorsichtig einrollen und mit Rouladenspießchen oder Küchenschnur fixieren.
3. Nun braten Sie die Rouladen so lange an, bis sie schön gebräunt sind.
4. Danach gießen Sie mit der Rinderbrühe auf.

Die Rouladen müssen nun etwa 2,5 Stunden im Kessel bei nicht zu großer Hitze köcheln.

5. Etwa eine halbe Stunde vor Ende der Garzeit geben Sie noch kleingeschnittene Karotten und, wer es mag, auch kleingeschnittenes Wurzelwerk zur Brühe in den Topf.

Dazu passen Salzkartoffeln als Beilage.

Nudelauflauf

ZUTATEN FÜR 6 PORTIONEN:

- 700 g Hackfleisch vom Rind
- 500 g Penne (ungekocht)
- 150 g geriebener Käse
- 500 g passierte Tomaten (Dose)
- 400 ml Rinderfond
- 4 EL Olivenöl
- 8 Knoblauchzehen, geschält und gehackt
- 3 EL Tomatenmark
- 2 mittlere Zwiebeln, geschält und gehackt
- italienische Kräutermischung
- Salz, Pfeffer

NÄHRWERTE PRO PORTION

861 kcal | 75 g Kohlenhydrate | 41 g Eiweiß | 42 g Fett

ZUBEREITUNG:

1. Braten Sie das Hackfleisch in Olivenöl gut an, bis es die rohe Fleischfarbe verliert.

2. Schieben Sie das Fleisch mit dem Kochlöffel etwas zur Seite und geben auf den freien Platz die gehackten Zwiebeln, rösten sie kurz durch und vermischen sie mit dem Hackfleisch.

3. Danach geben Sie den Knoblauch zu, schließen den Deckel des Dutch Oven und lassen alles etwa 3 Minuten lang schmoren.

4. Nun wird mit dem Kochlöffel in der Mitte etwas Platz geschaffen, um dort das Tomatenmark anzurösten. Wieder verschließt man den Topf für etwa 3 Minuten.

5. Dann wird alles noch einmal kurz gut durchgeröstet und verrührt und der Rinderfond zugegossen. Fügen Sie nun auch die passierten Tomaten hinzu, ebenso Salz, Pfeffer und italienische Kräuter und noch etwa 100 ml Wasser.

6. Geben Sie nun die Penne zur Hackfleischsoße, mischen sie gut unter und verschließen den Deckel. Alles soll nun insgesamt 45 Minuten lang garen, sehen Sie jedoch alle 15 Minuten nach und rühren dabei ein paarmal um.

7. Sind die Penne gargeschmort, geben Sie den geriebenen Käse zu und verteilen ihn gleichmäßig. Der Dutch Oven wird wieder für etwa 20 Minuten geschlossen. Damit der Käse eine schöne Kruste bildet, werden auf den Deckel einige glühende Briketts gelegt, um Oberhitze zu erzeugen.

Kartoffelgulasch

Schmeckt ohne Würstchen auch Vegetariern und Veganern

ZUTATEN FÜR 5 PORTIONEN:

- 1 kg Kartoffeln, vorwiegend festkochend
- 3 Zwiebeln
- 1 Zehe Knoblauch
- 5 Frankfurter / Wiener Würstchen
- 5 Debreziner Würstchen
- 4 EL edelsüßes Paprikapulver
- 1 EL Essig
- 1,5 Liter Gemüsebrühe
- Öl
- 1 EL Tomatenmark
- 1 Lorbeerblatt
- Majoran
- Salz, Pfeffer
- Chilipulver (wer es etwas schärfer mag)

NÄHRWERTE PRO PORTION

695 kcal | 43 g Kohlenhydrate | 28 g Eiweiß | 44 g Fett

ZUBEREITUNG:

1. Die Kartoffeln waschen und schälen, in nicht zu kleine Stücke schneiden.

2. Die Zwiebeln schälen und fein hacken, den Knoblauch drücken Sie durch die Knoblauchpresse.

3. Die Würstchen schneiden Sie in Scheiben und legen sie vorerst zur Seite.

4. Erhitzen Sie etwas Öl im Topf und rösten Sie die Zwiebeln darin an.

5. Nun streuen Sie das Paprikapulver ein und lassen es kurz mitrösten (aufpassen, nicht zu lange, sonst schmeckt es bitter), löschen mit Essig ab und geben die Kartoffeln hinzu, umrühren.

6. Danach gießen Sie mit der Gemüsebrühe auf, geben das Lorbeerblatt und den gepressten Knoblauch dazu, würzen mit Majoran, Salz und Pfeffer und rühren das Tomatenmark ein.

Das Gulasch muss nun etwa 30 Minuten lang köcheln.

7. Zuletzt fügen Sie die in Scheiben geschnittenen Würstchen hinzu und lassen alles noch mal etwa 10 Minuten lang weiterköcheln.

Durch die Verwendung einer eher mehligen Kartoffelsorte sollte das Gulasch schön sämig sein. Falls es doch zu dünnflüssig ist, können Sie ein wenig Saft vom Gulasch mit etwas Mehl glattrühren und ins Gulasch einrühren, das man dann noch kurz aufkochen lassen sollte – so wird die Soße dickflüssiger.

Dazu passen frische Brötchen oder Spätzle und grüner Salat.

Hackfleischbällchen in Tomaten-Käse-Soße

ZUTATEN FÜR 4 PORTIONEN:

- 500 g Hackfleisch, Rind oder gemischt
- 1 altbackenes Brötchen
- 1 Ei
- 1 Zwiebel, fein gewürfelt
- 2 Knoblauchzehen, zerdrückt
- evtl. etwas Paniermehl
- Salz, Pfeffer, Majoran

Tomatensoße:

- 500 ml Tomaten, püriert
- 100 g Speck, gewürfelt
- 1 Zwiebel, gehackt
- 2 Knoblauchzehen, zerdrückt
- 150 ml süße Sahne
- 1 TL Zucker, nach Bedarf
- 250 ml Fleischbrühe
- 1 Pkg. Mozarellakügelchen, 125g

- 1 Pkg. Cocktail-Tomaten, 250g
- Salz, Pfeffer

NÄHRWERTE PRO PORTION

670 kcal | 30 g Kohlenhydrate | 39 g Eiweiß | 43 g Fett

ZUBEREITUNG:

1. Weichen Sie das altbackene Brötchen in Wasser ein, bis es vollgesogen ist und drücken es dann gut aus.
2. Das Hackfleisch mischen Sie mit der gehackten Zwiebel, dem Knoblauch, dem Ei und den Gewürzen und kneten alles gut durch. Sollte der Fleischteig zu weich sein, können Sie noch etwas Paniermehl untermischen.

Zum Durchziehen stellen Sie den Fleischteig eine halbe Stunde in den Kühlschrank.

Währenddessen kann der Dutch Oven vorbereitet werden.

3. Aus dem Hackfleischteig formen Sie kleine Bällchen (etwa 12 Stück).
4. Braten Sie die Fleischbällchen im Dutch Oven scharf an, nehmen sie wieder heraus und stellen sie nun zunächst zur Seite.

Tomatensoße:

a. Die gehackte Zwiebel braten Sie im Dutch Oven, etwas später geben Sie den zerdrückten Knoblauch dazu und braten ihn kurz mit, dann fügen Sie den gewürfelten Speck hinzu und vermischen alles gut.

b. Nun gießen Sie mit den pürierten Tomaten und der Brühe auf und rühren die Sahne ein.

c. Schmecken Sie mit den Gewürzen und eventuell etwas Zucker ab.

d. Die angebratenen Fleischbällchen werden hinzufügt, ebenso die Mozarellakügelchen und die Cocktail-Tomaten.

Alles zusammen lassen Sie nun im Topf bei 180° etwa 30 Minuten lang köcheln.

Dazu schmeckt frisches Brot.

Hähnchenschenkel mit Rosmarin-

Kartoffeln

ZUTATEN FÜR 6 PORTIONEN:

- 6 Hähnchenschenkel

- Gewürzmischung „Magic Dust" (siehe „Dips & Rubs")

- 2 EL Öl
- 9 Stk. Kartoffeln, vorwiegend festkochend
- 500 ml Geflügelbrühe
- 3 Zehen Knoblauch, in feine Scheiben geschnitten
- 2 Stk. mittelgroße Zwiebeln, in Ringe geschnitten
- Salz, Pfeffer
- Rosmarinzweig, frisch
- 1 Chilischote, nach Bedarf, entkernt, in Ringe geschnitten

NÄHRWERTE PRO PORTION

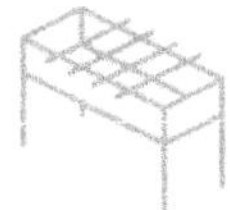

457 kcal | 25 g Kohlenhydrate | 41 g Eiweiß | 20 g Fett

ZUBEREITUNG:

1. Magic Dust wird mit ein wenig Öl vermischt, streichen Sie damit die Hähnchenschenkel ein. Das bereiten Sie am besten schon am Vortag vor, sodass die Marinade gut einziehen kann.

2. Am nächsten Tag schälen und halbieren Sie die Kartoffeln und legen damit den Boden des Dutch Oven aus. Gießen Sie die Geflügelbrühe dazu, sodass die Kartoffeln davon bedeckt sind.

3. Darauf werden nun die Knoblauchscheibchen, die Zwiebelringe, und, wenn gewünscht, die geschnittene Chilischote verteilt. Mit Salz und Pfeffer würzen, den Rosmarinzweig etwas auseinanderzupfen und darauf garnieren.

4. Obenauf legen Sie nun die marinierten Hähnchenschenkel.

5. Lassen Sie die Speise etwa 90 Minuten garen.

Dazu passt Brot, aber auch Reis und Salat.

Reh- / Hirschgulasch

ZUTATEN FÜR 6 PERSONEN:

- 1,5 kg Wildgulaschfleisch (Fleisch von Hals, Rippe oder Blatt), küchenfertig und in Würfel geschnitten
- 2 Bund Suppengrün, zusätzlich eine kleine Lauchstange
- 2 rote Zwiebeln
- 2 Zehen Knoblauch
- 6 EL Öl
- 5 Stk. Wacholderbeeren
- 2 EL Tomatenmark
- 2 Lorbeerblätter
- 500 ml Wildfond (fertig gekauft)
- ½ Liter Rotwein (Merlot oder Spätburgunder)
- 1 Dose Tomaten gestückelt, 500g
- je 1TL Salz, Pfeffer, Thymian, Paprikapulver

NÄHRWERTE PRO PORTION

680 kcal | 10 g Kohlenhydrate | 87 g Eiweiß | 30 g Fett

1. Waschen und putzen Sie Suppengrün und Lauchstange und schneiden sie in möglichst kleine Stücke.
2. Schälen Sie die Zwiebeln und den Knoblauch und hacken beides fein.
3. Die Wacholderbeeren werden möglichst fein zerdrückt und mit Salz, Pfeffer, Thymian und Paprikapulver zu einer Gewürzmischung verarbeitet.
4. Die Fleischwürfel spülen Sie nun kurz ab und tupfen sie trocken, vermengen sie mit der Gewürzmischung und bestäuben sie mit etwas Mehl.
5. Der Dutch Oven wird nun auf die glühenden Briketts gestellt. Im heißen Öl braten Sie das Fleisch gut an, dabei häufig umrühren, damit nichts anbrennt, sich das Röstaroma aber trotzdem gut entwickeln kann.
6. Nun geben Sie das kleingeschnittene Suppengrün, die Lauchstange, Zwiebel und Knoblauch hinzu und braten alles etwa 5 Minuten lang unter ständigem Rühren weiter.
7. Fleisch und Gemüse schieben Sie dann mit dem Kochlöffel etwas zur Seite, sodass in der Mitte des Topfs das Tomatenmark direkt auf dem Topfboden für etwa 2 Minuten angebraten werden kann, danach löschen Sie sofort mit Rotwein ab.

8. Nun kommen der Wildfond und die Tomatenstücke dazu, Sie vermischen alles gut und legen die Lorbeerblätter ein.

9. Fürs Schmoren sollte die Temperatur niedriger sein als fürs Anbraten, weshalb Sie nun einige Briketts von unten hinauf auf den Topfdeckel legen.

10. Nach etwa einer Stunde kontrollieren Sie, wie weit das Garen fortgeschritten ist, eventuell müssen Sie noch etwas Flüssigkeit angießen. Lassen Sie das Gericht weiterschmoren.

Dazu gibt es Kartoffelkroketten und / oder Semmelknödel. Zusätzlich passt noch etwas Fruchtiges, wie etwa Pfefferbirnen oder Preiselbeer-Gelée.

Krusten-Schweinebraten in Biersoße

ZUTATEN FÜR 6 PORTIONEN:

- 2 kg Schweineschulter mit Schwarte
- 2 Karotten
- 1 rote Paprikaschote
- 1 große Zwiebel
- 1 EL Öl
- 1 Bratenwürfel, optional
- 1 EL Speisestärke
- 500 ml dunkles Bier

- etwa 40 g Gewürzmischung aus Salz, Pfeffer, Paprikapulver, Knoblauchpulver, gemahlenem Rosmarin und Majoran (nach Geschmack zusammenstellen)

614 kcal │ 11 g Kohlenhydrate │ 66 g Eiweiß │ 32 g Fett

ZUBEREITUNG:

1. Schneiden Sie die Schwarte mit einem scharfen Messer rautenförmig ein und reiben Sie sie mit reichlich Salz ein, die anderen Seiten des Fleischs würzen Sie mit der Gewürzmischung.

2. Säubern Sie nun Karotten und Paprikaschote und schneiden sie in Streifen, schälen und hacken Sie die Zwiebel.

3. Das Fleisch wird nun in einer Pfanne angebraten, nicht jedoch die Seite mit der Schwarte.

4. Das Gemüse braten Sie im Dutch Oven in Öl an, löschen mit Bier ab und lassen alles aufkochen.

5. Das Fleisch legen Sie mit der Schwarte nach oben auf das Gemüse und gießen so viel Wasser zu, bis das Fleisch halb bedeckt ist und geben einen Bratenwürfel zu (optional).

6. Alles zusammen lassen Sie nun etwa 2 bis 3 Stunden garen, hin und wieder kontrollieren und ggf. Flüssigkeit (Wasser und / oder Bier) nachgießen.

7. Messen Sie die Kerntemperatur des Fleischs mit einem Messfühler und heben den Braten bei ca. 70° aus dem Kessel, die Soße gießen Sie in ein bereitstehendes Gefäß ab.

8. Das Gemüse kommt nun zurück in den Kessel, der Braten wird daraufgelegt. Schließen Sie den Topf und legen alle glühenden Briketts auf den Deckel, damit Oberhitze entsteht und der Braten knusprig wird – aufpassen, nicht länger als höchstens 4 Minuten! Dabei ist es wichtig, immer wieder die Kruste zu kontrollieren.

9. Die Soße können Sie zuletzt mit einem Schuss Bier abschmecken, eventuell geben Sie etwas Speisestärke hinzu, um sie zu binden und sämig zu machen.

Den in Scheiben geschnittenen Braten mit der Soße servieren.

Dazu passt entweder deftiges Bauernbrot oder Kartoffelklöße und Krautsalat.

Gefüllte Paprika

ZUTATEN FÜR 6 PORTIONEN:

- 6 Paprikaschoten, bunt
- 500 g Hackfleisch, gemischt
- 3 EL Öl
- 15 Cocktailtomaten, kleingeschnitten
- 500 g passierte Tomaten (Dose)
- 500 g stückige Tomaten (Dose)
- 2 EL Tomatenmark
- 150 g geriebener Käse (z.B. Gouda)
- 2 Zwiebeln, fein gehackt

- 4 Zehen Knoblauch, fein gehackt

- 5 EL Reis, ungekocht

- kleiner Bund Petersilie, fein gehackt

- BBQ-Gewürz

- ½ TL Zucker

- Salz, Pfeffer, ½ TL italienische Kräuter

NÄHRWERTE PRO PORTION

556 kcal | 39 g Kohlenhydrate | 31 g Eiweiß | 28 g Fett

ZUBEREITUNG:

1. Hackfleisch, kleingeschnittene Cocktailtomaten, etwa ¼ der Zwiebelwürfel, 2 Knoblauchzehen, der Reis, etwa die Hälfte des geriebenen Käses und die Petersilie werden zu einer Masse vermengt, mit BBQ-Gewürz abgeschmeckt und gut durchgeknetet.

2. Schneiden Sie von den Paprikaschoten den Deckel ab, putzen die Kerne heraus und füllen sie mit der Hackfleischmasse.

3. Den Dutch Oven stellen Sie nun direkt auf die glühenden Briketts und rösten im Öl die restlichen Zwiebeln, 2 Knoblauchzehen und das Tomatenmark an.

4. Geben Sie die passierten und stückigen Dosen-Tomaten dazu, würzen mit den italienischen Kräutern, Zucker, Salz und Pfeffer und stellen die gefüllten Paprikaschoten aufrecht in die Soße.

5. Decken Sie den Dutch Oven mit dem Deckel zu, legen einige glühende Briketts darauf und lassen die Speise etwa 60 Minuten garen.

6. Nun verteilen Sie den restlichen Käse auf den Paprikaschoten und schließen den Deckel nochmal, lassen alles etwa 15 – 20 Minuten weitergaren, bis der Käse geschmolzen ist.

Als Belage passen Reis oder Nudeln.

Camper's Meal

Loin Ribs mit Beilagen in einem Topf gegart

ZUTATEN FÜR 4 PORTIONEN:

- 4 Leitern Loin Ribs (Babybackribs)
- 3 große Zwiebeln
- je eine gelbe, rote und grüne Paprikaschote
- 20 Stk. kleine (rohe) festkochende Kartoffeln, gewaschen und mit der Schale
- BBQ-Soße nach Wahl
- Rauchsalz oder Bacon-Salz (siehe „Dips & Rubs")
- 30 ml Bier

NÄHRWERTE PRO PORTION

529 kcal | 50 g Kohlenhydrate | 39 g Eiweiß | 17 g Fett

ZUBEREITUNG:

1. Sollte auf den Loin Ribs noch Silberhaut sein, ziehen Sie diese mithilfe einer Gabel ab und würzen die Rippchen mit Rauchsalz oder Bacon-Salz (siehe „Dips & Rubs").

2. Die in dicke Scheiben geschnittenen Zwiebeln legen Sie auf dem Boden des Dutch Oven gleichmäßig aus, sodass der ganze Topfboden bedeckt ist. Da die Zwiebeln während des Garvorgangs Flüssigkeit abgeben, verhindert man damit ein Anbrennen des Kochguts. Zusätzlich wird das Bier dazu gegossen, um sicherzugehen, dass ausreichend Flüssigkeit im Topf vorhanden ist.

3. Auf die Zwiebeln werden nun die kleinen Kartoffeln geschichtet, darüber die gewürfelten Paprikaschoten.

4. Als letzte Schicht kommen die Loin Ribs in den Topf. Legen Sie diese so auf, dass sie die anderen Schichten bedecken.

5. Zuletzt verteilen Sie die BBQ-Soße auf den Loin Ribs und schließen den Deckel.

6. Auf den Deckel des DO werden hier etwas weniger glühende Briketts gelegt als darunter, damit die Rippchen nicht zu viel Oberhitze bekommen und anbrennen. Die Garzeit beträgt etwa 2,5 Stunden.

7. Wenn sich das Fleisch von den Knochen zu lösen beginnt, sind die Rippchen durchgegart. Nun marinieren Sie noch einmal mit etwas BBQ-Soße, die Sie mit einem Fettpinsel auf den Rippchen verstreichen. Der Deckel kommt nun noch mal für 5 Minuten auf den DO.

Eine komplette Mahlzeit, Fleisch mit Beilagen, ist fertig und kann genossen werden!

Triple-Gulasch

ZUTATEN FÜR 8 PORTIONEN:

- 400 g mageres Schweinefleisch
- 400 g mageres Rindfleisch
- 400 g Schweineleber
- 5 EL Öl
- Salz und Pfeffer
- 4 große Zwiebeln, fein gehackt
- 3 Zehen Knoblauch, zerdrückt
- 1 kleines Stück Zitronenschale
- 1 EL Mehl
- Majoran
- ½ TL Essig
- Rinderbrühe zum Aufgießen
- 250 g saure Sahne
- 1 Bund Schnittlauch, in Röllchen geschnitten

NÄHRWERTE PRO PORTION:

494 kcal | 8,9 g Kohlehydrate |36,5 g Eiweiß | 34,4 g Fett

ZUBEREITUNG:

1. Schneiden Sie das Fleisch und die Leber in dünne Scheibchen.
2. Rösten Sie die Zwiebeln in heißem Öl goldgelb, geben dann den Knoblauch dazu und rösten ihn kurz mit.
3. Fügen Sie Fleisch und Leber hinzu und rösten unter Rühren alles kräftig an.
4. Streuen Sie nun das Mehl über und rösten es ebenfalls mit, bis es etwas Farbe hat. Löschen Sie unter Rühren mit Essig ab und gießen mit der Rinderbrühe auf.
5. Würzen Sie mit Majoran, Salz, Pfeffer und Zitronenschale.
6. Lassen Sie nun das Gulasch bei kleiner Hitze schmoren, bis das Rindfleisch, das am längsten braucht, weich ist (etwa 1,5 Stunden).
7. Zuletzt rühren Sie die saure Sahne ein und lassen alles noch mal einige Minuten köcheln.
8. Zum Servieren bestreuen Sie das Triple-Gulasch mit Schnittlauch.

Gansbraten

Outdoor-Meal

ZUTATEN FÜR 1 GANS / 12 PORTIONEN:

- 1 Gans, küchenfertig, mit Innereien in Extrabeutel
- 2 große Möhren

- 2 große Äpfel

- 4 Orangen

- 3 Zweige Basilikum

- grobes Salz

- 1 Stange Lauch

- 1 Stangensellerie

- 1 große Zwiebel

- 1 rote Chilischote

- 200 ml Hühner- oder Gemüsefond

- ½ TL Piment, gemahlen

NÄHRWERTE PRO PORTION:

769 kcal | 9,4 g Kohlehydrate | 32,6 g Eiweiß | 66,1 g Fett

Die Gans gelingt am besten in einem großen Dutch Oven mit Einlegerost auf offenem Feuer.

ZUBEREITUNG:

1. Entzünden Sie ein Feuer oder glühen 20 Briketts vor.

2. Schneiden Sie von der Gans das Bürzel, das anhaftende Fett, die vorderen Flügelspitzen und den Hals weg (nicht wegwerfen, wird später gebraucht).

3. Schneiden Sie eine Möhre in grobe Stücke, die Äpfel und zwei Orangen achteln Sie (behalten Sie eine Möhre und zwei Orangen zurück).

4. Reiben Sie die Gans mit grobem Salz und befüllen sie mit Möhren, Früchten und gezupftem Basilikum.

5. Stellen Sie den Dutch Oven aufs Feuer / auf die Briketts, legen den Rost ein und heizen den Topf vor.

6. Verschließen Sie die Öffnung der Gans mit Zahnstochern und /
   oder Schnur und legen Sie die Gans auf den Rost im Dutch Oven.

7. Halbieren Sie die zur Seite gelegte Orange und drücken den Saft
   auf das Geflügel, die Orangenschalen lassen Sie im Topf auf dem
   Rost liegen (Aroma!).

8. Legen Sie den Deckel auf den Oven und platzieren darauf 4 bis 5
   glühende Briketts oder einige dickere Holzstücke aus dem Feuer.

9. Braten Sie die Gans etwa 3 Stunden lang.

10.   Währenddessen rösten Sie in einem flachen DO / einer Pfanne die abgeschnittenen Fettteile (daher ist keine weitere Fettzugabe nötig), die Flügelspitzen und den Hals. Dann werden auch noch die in grobe Stücke geschnittenen Innereien mitgebraten.

11.   Schneiden Sie den Lauch, die Staudensellerie, die Zwiebel und die zurückbehaltene Möhre in grobe Stücke, geben diese ebenfalls in die Pfanne und rösten sie mit.

12.   Die zurückbehaltenen Orangen halbieren Sie und pressen den Saft in die Pfanne.

13.   Die Chilischote schneiden Sie in grobe Stücke und rösten sie ebenfalls mit.

14.   Gießen Sie mit Hühner- / Gemüsefond auf und würzen mit Salz und ½ TL gemahlenem Piment. Gießen Sie Wasser zu, bis alle Teile bedeckt sind.

15.   Decken Sie die Pfanne mit einem Deckel zu und lassen die Soße 1 Stunde lang köcheln (auf offenem Feuer oder 4 glühenden Briketts).

16.   Danach gießen Sie die so entstandene Soße ab und lassen sie noch etwas köcheln, bis sie eingedickt ist.

17.   Tranchieren Sie die Gans und servieren sie mit der Soße.

Onionny

ZUTATEN FÜR 8 PORTIONEN:

- 400 g dünn geschnittener Bacon
- 12 Zwiebeln
- 4 Zehen Knoblauch
- 1 EL Zucker
- 6 Schweinenacken-Steaks, insgesamt etwa 1,5 Kilo
- 4 EL Essig
- 250 ml Rotwein

Gewürzmischung:

- ½ EL Salz
- 1 EL geräucherter Paprika
- 1 EL Kümmel, gemahlen
- 1 EL Knoblauchpulver
- 1 EL Zwiebelpulver
- 1 TL Pfeffer

NÄHRWERTE PRO PORTION:

639 kcal |10,2 g Kohlehydrate | 48,4 g Eiweiß |41,9 g Fett

ZUBEREITUNG:

1. Legen Sie die Steaks in eine ausreichend große Form, reiben sie mit der Gewürzmischung ein und lassen sie eine halbe Stunde durchziehen.

2. Währenddessen halbieren Sie die Zwiebeln, schneiden die Hälften in Streifen („Halbringe"), hacken den Knoblauch fein und geben ihn zu den Zwiebeln.

3. Würzen Sie die Zwiebeln mit etwa 1 EL Gewürzmischung und Zucker und kneten sie gut durch.

4. Kleiden Sie den DO mit Bacon aus und legen eine Schichte Zwiebeln (etwa die Hälfte) ein. Darauf legen Sie die Steaks, auf die dann die restlichen Zwiebeln.

5. Verrühren Sie Rotwein und Essig und verteilen etwa 2/3 davon über Zwiebeln und Fleisch.

6. Setzen Sie den Topf auf 12 glühende Briketts, verschließen ihn und legen auf den Deckel weitere 12 Stück- je nach Größe des DO, jedoch immer oben und unten gleich viele.

7. Lassen Sie das Zwiebelfleisch nun etwa 2 Stunden lang schmoren. Zwischendurch ab und an kontrollieren, ob vielleicht etwas Flüssigkeit (Rotwein-Essig-Mischung) zugegeben werden muss.

8. Nach 2 Stunden Schmorzeit sollte die Flüssigkeit verdampft sein und das Fleisch schön zart.

Salami-Pizza

ZUTATEN FÜR 1 PIZZA / 8 PORTIONEN:

- 500 g Mehl
- 1 Pckg. Trockenhefe
- 200 ml warmes Wasser
- 2 EL Olivenöl + 2 EL Olivenöl
- 3 Stängel Basilikum
- 400 ml Tomatenpüree
- 1 Zwiebel
- Salz und Pfeffer
- geräucherter Paprika
- 1 EL getrockneter Oregano
- je eine kleine gelbe, rote und grüne Paprikaschote
- 1 Kugel Mozzarella
- 50 g Gouda
- 5 Streifen Bacon
- 10 Scheiben Salami

NÄHRWERTE PRO PORTION:

450 kcal | 50,5 g Kohlehydrate | 16,9 g Eiweiß | 19,1 g Fett

ZUBEREITUNG:

1. Bereiten Sie aus Mehl, Hefe, 2 EL Olivenöl und lauwarmem Wasser einen Hefeteig und lassen ihn eine Stunde lang gehen.

2. In der Zwischenzeit bereiten Sie die Pizzasoße zu:

   a. Erhitzen Sie 2 EL Olivenöl in einer Pfanne und köcheln darin das Tomatenpüree mit gehacktem Basilikum, Oregano und Salz.

   b. Raspeln Sie die geschälte Zwiebel in die Soße.

   c. Kochen Sie die Soße, bis sie eingedickt ist.

3. Schneiden Sie den Mozzarella in Scheiben und jeweils ½ Paprikaschote in schmale Streifen.

4. Stellen Sie in den Dutch Oven einen Rost hinein. Falls Sie keinen haben, können Sie aus Alufolie mehrere „Würste" formen und diese auf dem Boden auflegen. Darüber breiten Sie einen ausreichend großen Bogen Packpapier.

5. Rollen Sie den aufgegangenen Teig auf einer bemehlten Fläche aus und legen ihn aufs Backpapier im Dutch Oven.

6. Bestreichen Sie den Teig mit Tomatensoße, raspeln Gouda darüber und belegen die Pizza mit Salami, Bacon, Mozzarella und Paprikastreifen.

7. Stellen Sie den Dutch Oven auf 14 glühende Briketts und legen auf den Deckel 20 (je nach Größe des DO – es sollten etwa 1/3 unter dem „Dopf", 2/3 auf dem Deckel sein).

8. Nach etwa 20 bis 25 Minuten ist die Pizza fertig.

Kartoffelschatz

ZUTATEN FÜR 8 PORTIONEN:

- 1 kg Kartoffeln, mehlige Sorte
- 100 ml Milch
- 150 g Mascarpone
- 4 Eier
- 6 Chorizo oder Mettwürste
- 6 EL Butter
- 1 Prise gemahlene Muskatnuss
- 2 El Öl

NÄHRWERTE PRO PORTION:

492 kcal | 23 g Kohlehydrate | 16,3 g Eiweiß | 36,5 g Fett

ZUBEREITUNG:

1. 20 Briketts vorbereiten und durchglühen.

2. Schälen Sie etwa ¾ der Kartoffeln, schneiden sie in Stücke, garen sie in Salzwasser und drücken sie dann durch eine Kartoffelpresse.

3. Schälen Sie die restlichen Kartoffeln, reiben sie roh und pressen sie durch ein Sieb aus.

4. Vermischen Sie die gekochten und die rohen Kartoffeln, fügen Eier, Milch und Mascarpone zu und würzen mit einer guten Prise Muskat, Salz und Pfeffer. Rühren Sie alles gut durch, bis eine homogene Masse entsteht.

5. Kleiden Sie den DO mit Backpapier aus und füllen die Hälfte der Kartoffelmasse ein. Darauf legen Sie die Churizos, darüber kommt die zweite Schichte Kartoffelmasse. Die Würste sollen vollständig bedeckt sein.

6. Verteilen Sie auf der Oberfläche Butterflöckchen.

7. Unter den Oven kommen 10 Glühbriketts, auf den Deckel ebenfalls 10. Die Garzeit für den Kartoffelschatz dauert an die 1,5 Stunden. Die Oberfläche soll schön gebräunt sein.

8. Nehmen Sie den DO von den Briketts, öffnen den Deckel und lassen das Gericht kurz ruhen.

9. Heben Sie den Kartoffelschatz mit dem Backpapier aus dem Oven.

10. Schneiden Sie den Kartoffelkuchen in 2 cm dicke Schnitten und braten diese im zur Pfanne umfunktionierten Deckel kurz an.

Möglichst sofort servieren, schmeckt heiß am besten.

Gefüllter Schweinebauch

ZUTATEN FÜR 4 PORTIONEN:

- 750 g mageres Bauchfleisch
- 4 Zehen Knoblauch
- 3 Zweige Thymian
- ½ TL gemahlener Kümmel
- Salz

Fülle:

- 300 g gemischtes Hackfleisch
- 1 altbackenes Brötchen
- 50 g Butter
- 1 Zwiebel, fein gehackt
- 1 Ei
- 3 Zehen Knoblauch
- 1 TL Majoran
- ½ TL Basilikum
- Prise geriebene Muskatnuss

NÄHRWERTE PRO PORTION:

746 kcal | 11,9 g Kohlehydrate | 32,6 g Eiweiß | 62,9 g Fett

ZUBEREITUNG:

1. Bereiten Sie insgesamt 12 Glühbriketts vor, 6 für unten, 6 für oben.

2. Fülle:

    a. Übergießen Sie das altbackene Brötchen mit heißem Wasser und lassen es quellen. Wenn es ganz durchweicht ist, drücken Sie es gut aus.

    b. Währenddessen hacken Sie die Zwiebel und rösten sie in der Butter goldbraun.

    c. Vermischen Sie das Hackfleisch mit der gerösteten Zwiebel, dem Brötchen, dem Ei und allen Gewürzen und kneten Sie die Fleischmasse gut durch.

3. Schneiden Sie das Bauchfleisch wie eine Tasche ein und drücken die Fülle gut hinein. Nähen Sie die Öffnung zu.

4. Reiben Sie das Fleisch außen mit den Gewürzen ein und legen es in den DO. Gießen Sie ein wenig Wasser zu, setzen Sie den Deckel auf den Topf und legen die Briketts darauf.

5. Schmoren Sie das Fleisch in etwa 2 bis 3 Stunden weich.

Reistopf

ZUTATEN FÜR 6 PORTIONEN:

- 1,2 kg gemischtes Hackfleisch
- 2 Zwiebeln, gehackt
- 2 EL Öl
- 1 große Stange Lauch, in Ringe geschnitten
- je 1 rote und gelbe Paprikaschote, kleingeschnitten
- 750 ml Rinder- oder Gemüsebrühe
- 250 g Reis (roh gewogen), gewaschen
- Salz, Pfeffer

NÄHRWERTE PRO PORTION:

552 kcal | 22,3 g Kohlehydrate | 36,4 g Eiweiß | 34,5 g Fett

ZUBEREITUNG:

1. Glühbriketts vorbereiten – insgesamt etwa 35 Stück, davon 12 auf dem Deckel, der Rest unter dem Topf.

2. Rösten Sie die Zwiebeln in Öl an, fügen das Hackfleisch zu und rösten so lange, bis das Hackfleisch gut angeröstet ist. Das dauert eine Weile, doch durch die dabei entstehenden Röstrückstände wird das Gericht besonders schmackhaft.

3. Als nächstes werden die Lauchringe mitgeröstet, dann kommen die Paprikaschoten dazu. Kräftig weiterrösten und dabei ständig rühren, damit sich nichts anlegt.

4. Gießen Sie mit der Brühe auf und rühren mehrmals gut durch, damit sich die Röstrückstände lösen.

5. Nun geben Sie den Reis zu und rühren ihn gut unter. Decken Sie den DO zu und legen auf den Deckel 12 Glühbriketts.

6. Nach etwa einer halben Stunde ist der Reistopf fertig und kann serviert werden.

EINTOPF-GERICHTE

Ochsenschwanz-Gemüse-Eintopf

sehr zeitaufwändig (bis zu 2 Tage marinieren, 4 ½ Stunden Kochzeit)

ZUTATEN FÜR 10 PORTIONEN:

- 2,5 kg Ochsenschlepp
- 3 Limetten
- 3 EL Apfelessig
- je 1 rote und grüne Paprikaschote
- 1 Zwiebel
- 8 Zehen Knoblauch
- 125 ml stückige Tomaten

- 125 ml passierte Tomaten, vermischt mit je 1 TL Knoblauchpulver, Paprikaflocken und Koriander
- 100 ml Rotwein (optional)
- 1 TL Rinderbouillon-Paste
- 600 g Babykartoffeln oder in mundgerechte Stücke geschnittene Kartoffeln mit Schale
- 250 g Babykarotten
- 2 Lorbeerblätter
- 3 Zweige Thymian
- 2 EL Öl
- 2 EL brauner Zucker

Gewürzmischung:

- Koriander
- edelsüßer Paprika
- Knoblauchpulver
- Zwiebelpulver

NÄHRWERTE PRO PORTION:

397 kcal | 21,2 g Kohlehydrate | 49,3 g Eiweiß | 11,1 g Fett

ZUBEREITUNG:

1. Mischen Sie in einer großen Schüssel ausreichend Wasser mit 3 EL Apfelessig und legen Sie die Ochsenschleppstücke ein. Halbieren Sie die Limetten und legen sie ebenfalls ins Wasser zum Fleisch.

2. Reiben Sie nun die Fleischstücke einzeln mit den Limettenhälften rundum mehrmals ab.

3. Hacken Sie die rote und die grüne Paprikaschote sehr fein, ebenso die Zwiebel und den Knoblauch. Vermischen Sie das Gemüse

sorgfältig miteinander und marinieren die Ochsenschleppteile damit.

4. Nun geben Sie noch etwa 2 EL Gewürzmischung zum Fleisch und mischen es ebenfalls gut unter, danach kommen noch stückige Tomaten dazu und 2 EL Zucker. Vermischen Sie alles durch Kneten und Wenden gut und lassen das marinierte Fleisch nun mindestens 5 Stunden, besser 24 Stunden, bis zu 2 Tagen stehen (mehr als 2 Tage sollten es allerdings nicht sein).

5. Nach der Ruhezeit entfernen Sie die Marinade vom Fleisch und stellen sie zur Seite.

6. Im heißen Öl braten Sie nun die Ochsenschleppteile rundum braun und legen sie zur Seite.

7. In das übrige Öl rühren Sie nun die mit Gewürzen gemischten passierten Tomaten ein und lösen unter ständigem Rühren die vom Braten übrigen Röstrückstände auf dem Boden des Dutch Oven.

8. Danach geben Sie das (von den Fleischteilen entfernte) Marinadengemüse dazu, gießen mit Rotwein (optional) und etwa ½ Liter Wasser auf und rühren 1 TL Rinderbouillon-Paste ein.

9. Legen Sie nun die gebratenen Ochsenschwanzteile ein und gewaschene Babykartoffeln mit der Schale. Verrühren Sie alles gut miteinander, legen die Lorbeerblätter und die Thymianzweige ein.

10. Lassen Sie den Eintopf etwa 3 ½ Stunden auf kleiner Flamme köcheln. Danach geben Sie die Babykarotten in den Topf und garen sie mit. Nach einer weiteren Stunde Garzeit ist der Eintopf fertig.

Bohnentopf „Wildwest"

ZUTATEN FÜR 15 PORTIONEN:

- 2 Kilo Churizos, in nicht zu dünne Scheiben geschnitten
- 1 Kilo Gulaschfleisch vom Rind, in Würfel geschnitten
- 4 rote Paprikaschoten, in mundgerechte Stücke geschnitten
- 5 Zwiebeln, gehackt
- 1 Kilo Kartoffeln mit Schale, in Würfel geschnitten
- je 200 g Kichererbsen, weiße Bohnen, Wachtelbohnen, Kidneybohnen
- 400 g Baked Beans (Dose)
- 2 EL Öl
- 0,5 Liter Mineralwasser
- Würzmischung aus je 1 EL Knoblauchpulver, Zwiebelpulver, geräucherter Paprika
- Salz und Pfeffer

NÄHRWERTE PRO PORTION:

681 kcal | 29,5 g Kohlehydrate | 36,8 g Eiweiß | 44,6 g Fett

1. Heizen Sie den Dutch Oven vor und braten darin im heißen Öl das Gulaschfleisch an.

2. Nach einigen Minuten geben Sie die gehackten Zwiebeln zu und rösten unter ständigem Rühren, bis die Zwiebeln glasig werden.

3. Nun geben Sie die Paprikaschoten, die Kartoffeln, die Churizos und die Bohnen dazu, würzen mit der Würzmischung und gießen Mineralwasser an.

4. Setzen Sie den Dutch Oven auf glühende Briketts oder in den Gasgrill bei etwa 220°C und lassen den Eintopf etwa 2 Stunden lang garen.

Schweizer Kalbfleischtopf

ZUTATEN FÜR 6 PORTIONEN:

- 750 g Kalbfleisch von der Schulter, würfelig geschnitten
- 120 g Butter
- 2 Zwiebeln, fein gehackt
- 500 g Champignons, blättrig geschnitten
- 2 EL Mehl
- 150 ml Weißwein
- 1 Brühwürfel
- 200 g saure Sahne

- ½ Zitrone, Saft

- 1 Bund Petersilie, fein gehackt

- Salz, edelsüßer Paprika

358 kcal | 4,7 g Kohlehydrate | 27,2 g Eiweiß |23,1 g Fett

ZUBEREITUNG:

1. Dünsten Sie in der geschmolzenen Butter die Zwiebeln kurz an und geben das Fleisch zu, das Sie von allen Seiten anrösten.

2. Salzen und würzen Sie das Fleisch, gießen etwas Wasser an und dünsten es weich. Danach heben Sie es aus dem Dutch Oven.

3. Geben Sie nun die Champignons in den Dutch Oven und dünsten sie unter Rühren. Streuen Sie das Mehl ein, rösten es kurz mit und gießen dann mit Weißwein auf. Lassen Sie die Pilze etwas einkochen.

4. Bröseln Sie den Brühwürfel über die Champignons, gießen etwa 200 ml Wasser an und lassen es unter Rühren verkochen.

5. Geben Sie nun das Fleisch zu, rühren den Rahm ein und lassen den Eintopf kurz aufkochen.

6. Schmecken Sie das Gericht mit Zitronensaft ab und mischen die Petersilie unter.

Hammel-Eintopf

ZUTATEN FÜR 8 PORTIONEN:

- 1 Kilo Hammelfleisch, in Würfel geschnitten
- 150 g Butter
- 4 Zwiebeln, fein gehackt
- 5 Zehen Knoblauch, fein gehackt
- je 3 rote und grüne Paprikaschoten, in Streifen geschnitten
- 1 Brühwürfel
- 250 g Reis (roh)
- 2 EL Essig
- Majoran
- Salz und Pfeffer

NÄHRWERTE PRO PORTION:

515 kcal | 18,1 g Kohlehydrate | 24,6 g Eiweiß | 37,3 g Fett

1. Rösten Sie in der heißen Butter Zwiebeln und Knoblauch an und geben Fleischwürfel, Paprikaschoten und zerbröselten Brühwürfel dazu.

2. Rühren Sie alles kurz durch und gießen mit etwa 1,5 Liter Wasser auf, salzen und würzen Sie mit Pfeffer und Majoran.

3. Lassen Sie den Hammeltopf nun ca. eine Stunde lang schmoren und rühren danach den Essig ein.

4. Geben Sie den Reis dazu und kochen den Eintopf so lange weiter, bis der Reis weich ist.

Herbstgemüse-Eintopf

ZUTATEN FÜR 8 PORTIONEN:

- 500 g Möhren, in Würfel geschnitten
- 1 Blumenkohl, in Röschen zerteilt
- 250 g Erbsen (TK)
- 6 Paprikaschoten, in Streifen geschnitten
- 1 Kilo Kartoffeln, geschält und in Würfel geschnitten
- 250 g passierte Tomaten
- 6 Stk. Knackwürste à 80 g, in Scheiben geschnitten
- 2 Zwiebeln, fein gehackt
- 3 EL Öl

- Oregano

- Salz und Pfeffer

446 kcal | 38,2 g Kohlehydrate | 16,3 g Eiweiß | 22,8 g Fett

ZUBEREITUNG:

1. Rösten Sie die Zwiebeln in Öl goldgelb, rühren Kartoffeln, Gemüse und passierte Tomaten dazu.

2. Salzen und würzen Sie, gießen etwas Wasser an und schmoren das Gemüse etwa eine Stunde bei geringer Hitze.

3. Rühren Sie die Knackwürste ein und lassen alles noch weitere 10 Minuten dünsten.

Erbsentopf mit Selchfleisch

ZUTATEN FÜR 6 PORTIONEN:

- 600 g getrocknete Erbsen, über Nacht einweichen

- 3 EL Öl

- 600 g Selchfleisch, in Würfel geschnitten

- 4 Zwiebeln, fein gehackt

- 5 Möhren, in Scheiben geschnitten

- 2 Stangen Lauch, in Ringe geschnitten

- 1 Bund Dill, fein gehackt

- 1 Lorbeerblatt

- Majoran

- Salz

NÄHRWERTE PRO PORTION:

422 kcal | 24,1 g Kohlehydrate | 31,5 g Eiweiß | 19,3 g Fett

ZUBEREITUNG:

1. Rösten Sie in heißem Öl die Zwiebeln an und geben die Erbsen mit dem Einweichwasser zu. Legen Sie das Lorbeerblatt ein und lassen den Eintopf etwa 2 Stunden bei kleiner Hitze schmoren.

2. Geben Sie danach Möhren und Lauch und das Selchfleisch dazu und schmoren das Gericht weitere 30 Minuten. Falls nötig, gießen Sie noch etwas Wasser an.

3. Salzen und würzen Sie den Eintopf und rühren den Dill ein.

Hühnereintopf

ZUTATEN FÜR 6 PORTIONEN:

- 1 ganzes Huhn, etwa 1,5 Kilo

- 1 kg Rinderknochen

- 200 g Wurzelgemüse vom Suppengrün (Möhren, Petersilienwurzel, Pastinake)

- 1 Zwiebel, ungeschält (!) und im Ganzen

- 1 Möhre

- 1 gelbe Rübe
- ½ Knolle Sellerie
- 150 g Champignons
- 80 g Suppennudeln
- 1 Zweig Thymian
- ½ Bund Petersilie, fein gehackt
- einige Pfefferkörner
- Salz

NÄHRWERTE PRO PORTION:

655 kcal | 5,7 g Kohlehydrate | 64,5 g Eiweiß | 40,7 g Fett

ZUBEREITUNG:

1. Putzen Sie das Wurzelwerk und brausen Sie die Rindsknochen kurz mit kaltem Wasser ab.

2. In etwa 2 Liter leicht gesalzenem Wasser lassen Sie die Knochen mit dem Wurzelwerk, der ungeschälten Zwiebel und den Pfefferkörnern bei kleiner Hitze etwa 2 Stunden köcheln.

3. Seihen Sie dann die Suppe durch ein feines Sieb und stellen sie zur Seite.

4. Schälen Sie die Möhre, die gelbe Rübe und die Sellerie und schneiden sie in Stifte.

5. Waschen Sie das Huhn mit kaltem Wasser; putzen Sie die Champignons und vierteln sie.

6. Kochen Sie das Huhn mit Thymian und einigen Pfefferkörnern in der Rindsuppe bei geringer Hitze weich. Nach etwa 30 Minuten geben Sie Möhre, gelbe Rübe und Sellerie zu und garen alles weitere 15 Minuten. Etwa 5 Minuten vor Ende der Garzeit geben Sie die Champignons zu und lassen sie mitgaren.

7. Seihen Sie die Suppe ab und entfetten sie.

8. Entfernen Sie die Haut vom Huhn und zerteilen das Fleisch in mundgerechte Stücke.

9. Geben Sie nun alle Zutaten gemeinsam in den Dutch Oven und gießen mit der Suppe auf, bis alles gut bedeckt ist. Legen Sie die Suppennudeln ein und kochen den Eintopf noch mal einige Minuten, bis die Nudeln gegart sind.

10. Zum Servieren bestreuen Sie den Eintopf mit der gehackten Petersilie.

Schweine-Ragout

ZUTATEN FÜR 8 PORTIONEN:

- 1 Kilo Schweineschulter, gewürfelt, nicht zu große Stücke
- 4 Zehen Knoblauch, geschält und zerdrückt
- 5 El Öl
- 2 EL Mehl
- 2 EL Tomatenmark
- Rinderbrühe zum Aufgießen
- 3 Zwiebeln, fein gehackt
- 200 g Möhren, in mundgerechte Stücke geschnitten
- 200 g Erbsen (TK)
- 300 g Kohlrabi, geschält und in kleine Würfel geschnitten
- 250 g Crème fraîche
- 250 g saure Sahne
- 2 EL scharfer Senf
- 3 Zweige Thymian, gewaschen und fein gehackt
- Kümmel, gemahlen
- Salz und Pfeffer
- ½ Bund Petersilie, fein gehackt

NÄHRWERTE PRO PORTION:

617 kcal | 17,2 g Kohlehydrate | 36,6 g Eiweiß | 43,9 g Fett

ZUBEREITUNG:

1. Würzen Sie die Fleischwürfel mit Salz, Pfeffer, Kümmel und Knoblauch.

2. In heißem Öl rösten Sie die Zwiebel an und fügen dann das Fleisch zu, braten es ebenfalls an.

3. Streuen Sie Mehl darüber und rösten es mit, danach fügen Sie Tomatenmark bei und braten es ebenfalls mit. Gießen Sie mit der Rinderbrühe auf und legen die Thymianzweige ein.

4. Decken Sie den Dutch Oven zu und lassen das Fleisch bei kleiner Hitze langsam etwa 30 Minuten schmoren.

5. Verrühren Sie saure Sahne mit Crème fraîche und Senf und rühren es mit dem Gemüse ins Ragout.

6. Schmoren Sie das Gericht langsam weiter, bis das Gemüse gar ist und die Soße eine „mollige" Konsistenz hat.

7. Zum Servieren bestreuen Sie das Ragout mit gehackter Petersilie.

Pollo Verde

ZUTATEN FÜR 8 PORTIONEN:

- 8 Stk. grüne Paprikaschoten

- 2 Stk. grüne Chilischoten
- 2 Stk. Stangensellerie
- 200 g grüne Bohnen
- 300 g Kidneybohnen
- 5 Hähnchenbrustfilets à 200 g
- 3 EL Öl
- 2 Stangen Frühlingszwiebeln
- 50 g Cheddar, gerieben
- 100 g Frischkäse
- 50 ml Crème fraîche
- 400 g stückige Tomaten
- 1 Limette
- 1 Bund frischer Koriander
- ca. 400 ml Hühner- oder Gemüsebrühe
- Salz und Pfeffer

Rub:

- 1 EL edelsüßer Paprika
- 1 EL Knoblauchpulver
- 1 TL Zwiebelpulver
- ½ TL gemahlener Rosmarin
- ½ TL getrocknete Dillspitzen
- ½ TL Salz
- ½ TL schwarzer frisch gemahlener Pfeffer
- ¼ TL Cayennepfeffer (optional)

NÄHRWERTE PRO PORTION:

395 kcal | 22,3 g Kohlehydrate | 37,5 g Eiweiß | 15,2 g Fett

ZUBEREITUNG:

1. Schneiden Sie die Hähnchenbrustfilets in mundgerechte Stücke und würzen sie mit dem Rub. Lassen Sie die Teile mindestens 5 Stunden, besser jedoch über Nacht marinieren.

2. Glühen Sie 7 Briketts vor.

3. Schneiden Sie die Paprikaschoten, die Chilis und die Sellerie in kleine Stücke, Zwiebel und Knoblauch schneiden Sie in kleine Würfel, die grünen Bohnen in mundgerechte Teile.

4. Reiben Sie von der Limette die Schale ab und pressen sie aus – stellen Sie den Abrieb und den Saft zur Seite für spätere Verwendung.

5. Zum Anbraten kommen zunächst alle 7 Briketts nach unten. Im heißen Öl braten Sie die Hähnchenteile portionsweise an und heben sie wieder heraus.

6. Als nächstes dünsten Sie im selben Fett die Zwiebeln glasig, anschließend wird der Knoblauch mitgeröstet, ebenso die Chilis sowie die kleingeschnittenen Paprikaschoten und die Sellerie. Alles gut umrühren und anschmoren lassen. Die Hähnchenteile kommen nun wieder zurück in den Topf. Löschen Sie mit den stückigen Tomaten und der Hühnerbrühe ab.

7. Decken Sie den DO zu; nun kommen vier der sieben Briketts auf den Deckel, drei bleiben unten.

8. Lassen Sie das Ganze etwa eine halbe Stunde lang schmoren.

9. In der Zwischenzeit blanchieren Sie die grünen Bohnen etwa 10 Minuten und lassen sie dann abtropfen. Schneiden Sie die Frühlingszwiebeln in Röllchen und hacken den Koriander.

10. Nach der halbstündigen Garzeit mischen Sie die grünen Bohnen, die Kidneybohnen, den geriebenen Cheddar, den Frischkäse und

die Frühlingszwiebeln unter und lassen alles weitere 15 Minuten lang köcheln.

11. Zuletzt rühren Sie den gehackten Koriander unter und geben auf jede Portion einen Klacks Crème fraîche.

Angler-Eintopf mit Fisch und Garnelen

ZUTATEN FÜR 5 PORTIONEN:

- 400 g Zanderfilet
- 400 g Wildlachsfilet
- 400 g Kabeljaufilet
- 25 Stück Garnelen (TK, aufgetaut)
- 2 große Zwiebeln, grob gewürfelt
- 5 Knoblauchzehen, fein gehackt
- 1 rote Chilischote, entkernt und fein gehackt
- 3 große frische Tomaten, grob gehackt
- 400 g passierte Tomaten (Dose)
- 400 g stückige Tomaten (Dose)

- 300 ml Gemüsebrühe

- 50 g Reis, ungekocht

- 3 EL Öl

- 4 Lorbeerblätter

- 1 EL Zucker (optional)

- Salz, Pfeffer, Cayennepfeffer (1 EL), Thymian, edelsüßes
  Paprikapulver (1 EL)

- einige Spritzer Tabasco nach Geschmack

NÄHRWERTE PRO PORTION

642 kcal | 44 g Kohlenhydrate | 79 g Eiweiß | 16 g Fett

ZUBEREITUNG:

1. Spülen Sie die Fischfilets kalt ab, tupfen sie trocken und schneiden sie in mundgerechte Würfel, die Garnelen ebenfalls abspülen und trockentupfen.

2. Nun braten Sie die Zwiebel in Öl an, geben dann Knoblauch und Chili dazu, unter ständigem Rühren braten Sie alles etwa 2 Minuten weiter.

3. Reis, Cayennepfeffer, Thymian, edelsüßes Paprikapulver und Zucker (optional) werden untergerührt, die frischen gehackten Tomaten zugegeben.

4. Danach gießen Sie mit der Gemüsebrühe auf und fügen passierte und stückige Tomaten (Dosen) hinzu, Tabasco nach Geschmack, lassen alles aufkochen und 20 Minuten köcheln.

5. Nun rühren Sie Fisch und Garnelen unter, legen den Deckel auf und nehmen den Kessel von der Glut. Lassen Sie den Eintopf etwa 10 Minuten bei geschlossenem Deckel ziehen.

Man kann den Angler-Eintopf auch ohne Reis zubereiten. Als Beilage eignet sich dann Safranreis mit Petersilie.

DEFTIGE SUPPEN

Kohlsuppe / vegan

ZUTATEN FÜR 6 PORTIONEN:

- ½ Kopf Weißkohl
- 3 Stangen Fenchel
- 2 große Möhren
- 6 Zehen Knoblauch
- 1 große Gemüsezwiebel
- 500 ml Gemüsebrühe
- 250 ml stückige Tomaten

- 400 g schwarze Bohnen (Dose)

- 2 EL Olivenöl

- Salz und Pfeffer

- Cayennepfeffer

- Thymian

- Chiliflocken

- 1 Bund Petersilie, gehackt

306 kcal | 45 g Kohlehydrate | 14,6 g Eiweiß | 6,7 g Fett

ZUBEREITUNG:

1. Schneiden Sie Weißkohl, Fenchel, Möhren, Knoblauch und Gemüsezwiebel in grobe Stücke.

2. Erhitzen Sie im Dutch Oven auf dem Herd das Olivenöl und braten darin Zwiebel, Fenchel und Möhren an, würzen Sie mit Salz, Pfeffer und Cayennepfeffer und braten das Gemüse unter ständigem Rühren weiter, bis es weich ist.

3. Rühren Sie nun den Knoblauch ein und rösten etwa 30 Sekunden weiter, bis er zu duften beginnt.

4. Als nächstes kommen die Bohnen dazu, die Sie gut mit dem Gemüse vermischen.

5. Gießen Sie mit Gemüsebrühe auf und ergänzen mit ungefähr derselben Menge Wasser, bringen Sie die Suppe zum Kochen und fügen nun den Weißkohl und die stückigen Tomaten zu. Lassen Sie

die Suppe so lange köcheln, bis der Kohl weich ist (zwischen 5 und 10 Minuten).

6. Zuletzt schmecken Sie die Suppe mit Thymian und Chiliflocken ab und rühren die gehackte Petersilie ein.

Dicke Spalterbsen-Suppe

ZUTATEN FÜR 6 PORTIONEN:

- 1 EL Butter
- 1 Zwiebel, gehackt
- 150 g Stangensellerie, in Stücke geschnitten
- 3 Zehen Knoblauch, gehackt
- 150 g Speckwürfel
- 100 g Räucherschinken, gewürfelt
- 2 große Möhren, in Stücke geschnitten
- 1 EL Gewürzmischung Majoran, Thymian, Bohnenkraut
- 1 TL Zucker
- 1 Lorbeerblatt
- 50 g Gerste
- 250 g Spalterbsen, getrocknet
- 1,5 Liter Hühnerbrühe
- Salz und Pfeffer

217 kcal │ 16 g Kohlehydrate │ 13,2 g Eiweiß │ 10 g Fett

ZUBEREITUNG:

1. Schmelzen Sie die Butter im Dutch Oven und braten darin Zwiebel, Sellerie und Möhren an. Rösten Sie unter Rühren weiter, bis das Gemüse gut angedünstet ist.

2. Geben Sie nun den Knoblauch, den Speck und den Räucherschinken dazu sowie die Gewürzmischung, das Lorbeerblatt, Pfeffer und Zucker. Verrühren Sie alles mehrmals, fügen nun die Spalterbsen zu und gießen mit der Hühnersuppe auf.

3. Bringen Sie die Suppe zum Kochen, schalten die Hitze hinunter und lassen sie so lange köcheln, bis die Spalterbsen gar sind (etwa 2 Stunden).

4. Mit einem Püreestampfer pürieren Sie das Gemüse etwas, jedoch nicht alles, es soll keine cremige Suppe werden.

Perfekt dazu: frisches Brot

Scharfe Krautsuppe

ZUTATEN FÜR 6 PORTIONEN:

- 600 g Sauerkraut

- 200 g Speck, in kleine Würfel geschnitten

- 2 große Zwiebeln, gehackt

- 800 g Kartoffeln, grob gerieben

- 250 ml saure Sahne

- 2 EL scharfer Paprika

- 1 TL Chilisoße (optional)

- Salz und Pfeffer

NÄHRWERTE PRO PORTION:

287 kcal | 26,2 g Kohlehydrate | 11,2 g Eiweiß | 13,8 g Fett

ZUBEREITUNG:

1. Rösten Sie den Speck kurz an, geben die Zwiebeln dazu und rösten beides goldgelb.

2. Geben Sie nun das Sauerkraut dazu, würzen mit Paprika, Salz und Pfeffer, Chilisoße (optional) und gießen mit gut 1,5 Liter Wasser auf und rühren die geriebenen Kartoffeln ein.

3. Verrühren Sie alles gut und lassen es 30 Minuten kochen.

4. Zuletzt rühren Sie den Rahm ein – danach die Suppe nicht mehr kochen!

Mitternachtssuppe

ZUTATEN FÜR 10 PORTIONEN:

- 600 g durchwachsener Speck in Scheiben, in 2cm breite Streifen geschnitten

- 1 Kilo mageres Rindfleisch, in Würfel geschnitten

- 2 Dosen weiße Bohnen à 400 g

- 400 g grüne Bohnen, geschnitten (falls nicht anders verfügbar, TK)

- 3 große Zwiebeln, in kleine Würfel gehackt

- 5 EL Öl

- 2 Liter Rinderbrühe

- 5 Zehen Knoblauch, geschält und zerdrückt

- 3 Chilischoten, Kerne entfernt, fein gehackt

- 2 EL edelsüßer Paprika

- 4 EL Tomatenmark

- 8 EL Ketchup

- 2 TL Weißweinessig

NÄHRWERTE PRO PORTION:

571 kcal | 21,2 g Kohlehydrate | 37,8 g Eiweiß | 35,6 g Fett

ZUBEREITUNG:

1. Rösten Sie die Zwiebeln in heißem Öl goldgelb und fügen dann das Rindfleisch zu.

2. Rösten Sie unter ständigen Rühren so lange weiter, bis das Fleisch gut angeröstet ist und seine Fleischfarbe verloren hat.

3. Rühren Sie nun Paprikapulver, Knoblauch und Tomatenmark ein und gießen mit der Rinderbrühe auf.

4. Würzen Sie mit Salz und Pfeffer, rühren Ketchup, gehackte Chilis und Essig ein.

5. Köcheln Sie die Suppe etwa 1,5 Stunden lang und geben nun die grünen Bohnen dazu. (Bei TK-Ware geben Sie die grünen Bohnen erst mit den Dosen-Bohnen zu).

6. Köcheln Sie das Gericht weiter, bis das Fleisch weich ist – noch mal etwa 30 Minuten.

7. Nun geben Sie die Dosen-Bohnen zu und lassen die Suppe weitere 10 Minuten köcheln. Bei Bedarf würzen Sie nach und geben noch Rinderbrühe dazu, sollte die Suppe zu dickflüssig sein.

8. Währenddessen braten Sie den Speck knusprig und geben ihn ohne das ausgelassene Fett in die Suppe.

Kartoffelsuppe

ZUTATEN FÜR 8 PORTIONEN:

- 1 Kilo Kartoffeln, mehlige Sorte
- ½ Knolle Sellerie
- 1 große Möhre
- 1 Stange Lauch
- 1,5 – 2 Liter Gemüsebrühe
- 3 Zwiebeln
- 5 Zehen Knoblauch
- 5 EL Olivenöl
- 4 Mettwürste
- 8 Scheiben Bacon in dünnen Scheiben
- 2 EL Schmand oder Mascarpone
- Muskatnuss, gerieben
- (geräucherter) Paprika
- ½ TL Kurkuma
- ½ TL Chiliflocken
- 1 Bund Petersilie
- Salz und Pfeffer

NÄHRWERTE PRO PORTION:

455 kcal | 29,7 g Kohlehydrate | 14,9 g Eiweiß | 29,5 g Fett

ZUBEREITUNG:

1. Briketts für den Dutch Oven vorglühen – 10 für unten und 10 für den Deckel.

2. Schälen Sie die Kartoffeln und schneiden sie in kleine Würfel. Mit der Sellerieknolle und der Möhre verfahren Sie ebenso, den Lauch schneiden Sie in Ringe. Die Zwiebeln hacken Sie in kleine Würfel, den Knoblauch drücken Sie durch die Knoblauchpresse.

Die Mettwürste schneiden Sie klein, die Baconscheiben in schmale Streifen.

3. Stellen Sie den Dutch Oven auf 10 durchgeglühte Briketts (auf einer feuerfesten Unterlage) und braten im heißen Olivenöl die Zwiebeln an, bis sie glasig sind, dann fügen Sie den Knoblauch zu und braten ihn kurz mit.

4. Als nächstes geben Sie das kleingeschnittene Gemüse und die Kartoffeln in den Topf, vermischen alles gut und lassen es kurz dünsten.

5. Anschließend gießen Sie die Gemüsebrühe zu, sodass alles gerade davon bedeckt ist.

6. Setzen Sie den Deckel auf den DO, legen 10 Glühbriketts darauf und lassen die Suppe etwa eine dreiviertel Stunde köcheln.

7. Kurz vor Ende der Garzeit bereiten Sie die Würste und den Bacon vor, indem Sie beides kräftig anbraten. Hacken Sie die Petersilie.

8. Sobald das Gemüse gar ist, pürieren Sie es zu cremiger Konsistenz – wenn Sie gerne noch einige Gemüseteile in der Suppe wollen, pürieren Sie es nicht vollständig.

9. Rühren Sie den Schmand und die Wurststücke in die Suppe ein und bestreuen sie vor dem Servieren mit den knusprig gebratenen Baconstückchen und der Petersilie.

Selleriesuppe mit Knoblauchcroûtons

ZUTATEN FÜR 8 PORTIONEN:

- 2 Sellerieknollen, zusammen etwa 1 Kilo
- 4 Stangen Lauch
- 4 EL Öl
- 1,3 Liter Gemüsebrühe
- 250 ml Sahne
- 1 TL Salz
- ½ TL frisch gemahlener schwarzer Pfeffer
- 2 TL Estragon
- 4 EL Zitronensaft
- 2 EL Worcestersoße

Croûtons:

- 6 Scheiben Toastbrot
- 4 Zehen Knoblauch
- 6 EL Öl
- 1 Kästchen Kresse

NÄHRWERTE PRO PORTION:

301 kcal |17,7 g Kohlehydrate | 5,8 g Eiweiß | 21,7 g Fett

ZUBEREITUNG:

1. Bereiten Sie die Glühbriketts vor, 8 für unten, 4 für oben (Verhältnis unten zu oben: 2:1)

2. Schälen Sie die Sellerie und schneiden sie in grobe Würfel. Den Lauch schneiden Sie in Ringe.

3. Im heißen Öl dünsten Sie Sellerie und Lauch an, gießen mit Brühe auf und lassen die Suppe etwa 40 Minuten kochen. Würzen Sie mit Salz, Pfeffer und Estragon.

4. Rühren Sie die Sahne ein und pürieren Sie das weiche Gemüse. Kochen Sie die Suppe noch einmal auf und schmecken mit Zitronensaft und Worcestersoße ab.

5. Knoblauchcroûtons:

   a. Würfeln Sie das Toastbrot klein und zerdrücken Sie die Knoblauchzehen.

   b. Braten Sie beides in heißem Öl knusprig braun.

6. Servieren Sie die Suppe mit den Knoblauchcroûtons und bestreuen sie mit Kresse.

VEGETARISCH & VEGAN

Kartoffelcurry mit Kichererbsen /

vegan

ZUTATEN FÜR 3 PERSONEN:

- 500 g Kartoffeln, vorwiegend festkochend, geschält und gewürfelt
- 3 EL Pflanzenöl
- 1 große rote Zwiebel, fein gehackt

- 2 Tomaten, in kleine Stücke geschnitten
- 200 ml Kokosmilch
- 200 ml Wasser
- 1 kleine Dose Kichererbsen, abgetropft
- 1 Zimtstange
- etwa daumendickes Stück von der Ingwerknolle, geschält und fein gehackt
- 1 TL Currypulver
- 1 TL Kurkuma, gemahlen
- 1 TL Senfkörner, ganz
- 1 TL Kreuzkümmel (Cumin)
- 2 TL Koriander, gemahlen
- 1 TL Chilipulver (optional)
- Salz

NÄHRWERTE PRO PORTION

395 kcal | 42 g Kohlenhydrate | 9 g Eiweiß | 18 g Fett

ZUBEREITUNG:

1. Braten Sie Zimtstange und Senfkörner im heißen Pflanzenöl an, fügen Kreuzkümmel hinzu und braten alles kurz weiter.

2. Nun werden Zwiebel, Ingwer, Kurkuma, Koriander und Chili (optional) hinzugegeben und alles zusammen weitergeröstet.

3. Danach rühren Sie die Tomaten ein und löschen mit Kokosmilch und Wasser ab, lassen es kurz aufkochen.

4. Fügen Sie nun Kartoffelwürfel hinzu und schmecken mit Salz ab, lassen alles etwa 10 Minuten garen und rühren dann die Kichererbsen ein; weiterschmoren lassen, bis die Kartoffeln durchgegart sind, eventuell etwas Wasser zugießen, falls nötig.

Als Beilage passt hier am besten indisches Naan-Brot oder Reis.

Paprika-Kartoffel-Eintopf / vegan

ZUTATEN FÜR 6 PORTIONEN:

- 800 g Kartoffeln, geschält und gewürfelt
- 3 rote Paprikaschoten, in Streifen geschnitten
- 1 Chilischote, entkernt und fein gehackt
- 3 große Zwiebeln, grob gehackt
- 3 Knoblauchzehen, fein gehackt
- 5 EL Öl
- 3 Dosen Kidneybohnen

- 4 EL Tomatenmark

- 1 Liter Gemüsebrühe

- 500 g passierte Tomaten (Dose)

- 2 EL Paprikapulver

- 2 EL Kräutermischung aus getrocknetem Basilikum, Thymian, Rosmarin, Majoran und Oregano

- Salz und Pfeffer

NÄHRWERTE PRO PORTION

430 kcal | 62 g Kohlenhydrate |14 g Eiweiß |10 g Fett

1. Das Öl wird erhitzt, die Zwiebeln und der Knoblauch angebraten.

2. Danach rühren Sie das Tomatenmark ein und braten es mit.

3. Nun fügen Sie Kartoffelstücke, Paprikastreifen und Chilischote hinzu.

4. Vermischen Sie alles gut und braten es unter ständigem Rühren etwa 5 Minuten lang weiter.

5. Gießen Sie mit der Gemüsebrühe auf und rühren Sie noch mal gut durch.

6. Verschließen Sie den Dutch Oven mit dem Deckel und lassen alles etwa ½ Stunde schmoren.

7. Danach fügen Sie Kidneybohnen und pürierte Tomaten hinzu und lassen den Eintopf weitere 5 Minuten bei geschlossenem Deckel köcheln.

8. Danach rühren Sie die Kräutermischung unter und schmecken mit Salz und Pfeffer ab.

Überbackene Pilz-Nudeln / vegetarisch

ZUTATEN FÜR 8 PORTIONEN:

- 400 g Spiralnudeln (ungekocht)
- 350 g Champignons, nicht zu dünn geschnitten
- 2 große Zwiebeln, gewürfelt

- 200 g Crème fraîche mit Kräutern

- 200 g Sahne

- 850 ml Gemüsebrühe

- 200 g Käse, gerieben

- 4 Stk. Frühlingszwiebeln mit Grün, in Röllchen geschnitten

- kleiner Bund Petersilie, gehackt

- Salz, Pfeffer

NÄHRWERTE PRO PORTION

502 kcal | 43 g Kohlenhydrate | 19 g Eiweiß | 26 g Fett

ZUBEREITUNG:

1. Die gehackten Zwiebeln werden in einer Pfanne extra geröstet und zur Seite gestellt.

2. Nun verrühren Sie in einem Extra-Gefäß die Sahne und die Gemüsebrühe, rühren die Crème fraîche mit dem Schneebesen dazu, schmecken mit Salz und Pfeffer ab und verrühren alles gut.

3. Die Spiralnudeln geben Sie in den kalten Dutch Oven, Petersilie und Frühlingszwiebeln vermengen Sie mit den Nudeln.

4. Röstzwiebeln und geschnittene Champignons werden ebenfalls hinzugefügt und alles gut vermengt.

5. Danach gießen Sie das Gemüsebrühe-Gemisch darüber und drücken alles mit dem Kochlöffel etwas nieder.

6. Den geriebenen Käse verteilen Sie nun gleichmäßig über die Oberfläche.

7. Backen Sie den Auflauf bei verschlossenem Deckel etwa 30 Minuten lang, bis der Käse geschmolzen und goldgelb ist.

Gemüse-Schmortopf / vegetarisch

ZUTATEN FÜR 4 PORTIONEN:

- 1 Bund Frühlingszwiebeln mit Grün, in Röllchen geschnitten
- 1 grüne Chilischote, entkernt und gehackt
- 250 g Karotten, grob gehackt

- 750 g dünnschalige Kartoffel, ungeschält, gewaschen und geviertelt
- 6 EL Öl
- 1 TL Kreuzkümmel (Cumin)
- 2 TL Knoblauchpulver
- 250 g passierte Tomaten
- 100 ml Sahne
- 150 g Erbsen (TK oder Dose)

NÄHRWERTE PRO PORTION

496 kcal | 57 g Kohlenhydrate | 9 g Eiweiß | 22 g Fett

ZUBEREITUNG:

1. Das Öl erhitzen, Frühlingszwiebeln und Chilischote werden darin gut angebraten.
2. Fügen Sie die Karotten hinzu und braten weiter, geben Kreuzkümmel und Knoblauchpulver dazu und braten unter ständigem Rühren weiter.
3. Die Kartoffelschnitze werden nun hinzugefügt und alles mehrmals gut umgerührt, dann geben Sie passierte Tomaten und Sahne dazu, lassen alles aufkochen und rühren noch mal gut durch.
4. Legen Sie den Deckel auf und lassen den Eintopf schmoren, bis die Kartoffeln durchgegart sind.
5. Zuletzt mischen Sie die Erbsen unter und lassen das Gericht weitere 5 Minuten zugedeckt köcheln.

Als Beilage passt Reis sehr gut.

Sauerkrauteintopf / vegan

ZUTATEN FÜR 4 PORTIONEN:

- 400 g Sauerkraut, gewaschen und abgetropft
- 400 g Kartoffeln, geschält
- 250 g Dose weiße Bohnen, abgetropft
- 1 Liter Gemüsebrühe
- 1 Dose gehackte Tomaten, 250 g
- 1 große Zwiebel, fein gehackt
- 1 große Karotte, geputzt
- Chilischote, fein gehackt
- 4 EL Öl

NÄHRWERTE PRO PORTION

330 kcal | 40 g Kohlenhydrate | 10 g Eiweiß | 12 g Fett

ZUBEREITUNG:

1. Schneiden Sie Kartoffeln und Karotten in kleine Würfel.

2. Nun erhitzen Sie das Öl, braten die Zwiebel an und fügen Chili, Karotte und Kartoffeln hinzu, braten alles weiter.

3. Nun mischen Sie das Sauerkraut dazu, gießen mit passierten Tomaten und Gemüsebrühe auf und lassen alles aufkochen.

4. Der Eintopf muss nun etwa 20 Minuten lang köcheln, fügen Sie danach die Bohnen hinzu.

5. Zuletzt decken Sie den Dutch Oven mit dem Deckel zu und lassen das Gericht 5 Minuten lang ziehen.

Kokos-Linseneintopf / vegan

ZUTATEN FÜR 8 PORTIONEN:

- 1 große Zwiebel
- 6 Zehen Knoblauch
- 5 cm frischen Ingwer
- 2 EL Kokosöl
- 5 TL Currypulver
- 400 ml Kokosmilch, ungesüßt
- ½ TL Cayennepfeffer
- 200 g rote Linsen
- 100 g Kokosraspel, ungesüßt

- 2 TL Salz
- 200 g Blattspinat (TK oder frisch und in Streifen geschnitten)
- 400 g gestückte Tomaten (Dose oder frisch und gewürfelt)

NÄHRWERTE PRO PORTION

359 kcal | 26 g Kohlenhydrate | 10 g Eiweiß | 22 g Fett

ZUBEREITUNG:

1. Schälen und hacken Sie die Zwiebel, schälen Sie die Knoblauchzehen und drücken sie durch die Knoblauchpresse.
2. Schälen Sie den Ingwer und hacken ihn fein.
3. Braten Sie nun im heißen Kokosöl zuerst die Zwiebel an, bis sie glasig wird.

Nun fügen Sie Knoblauch und Ingwer hinzu und braten unter ständigem Rühren, bis der Knoblauch goldgelb ist.

4. Currypulver und Cayennepfeffer kommen dazu, braten Sie alles etwa 1 Minute weiter, bis die Gewürze beginnen, ein wenig am Topfboden zu kleben.
5. Gießen Sie nun die Kokosmilch dazu und rühren Sie mehrmals kräftig um, um die am Topfboden festklebenden Gewürze wieder zu lösen.
6. Danach rühren Sie die roten Linsen ein, fügen Kokosraspel, Salz und etwa ¾ Liter Wasser hinzu, mischen Sie alles gut durch.
7. Lassen Sie nun das Gericht im offenen Dutch Oven bei mittlerer Hitze köcheln, bis es eingedickt und die Linsen durchgegart sind.

Das dauert etwa 25 bis 30 Minuten. Kontrollieren Sie immer wieder, ob ausreichend Flüssigkeit im Topf ist.

8. Nun fügen Sie den Spinat und die gestückten Tomaten hinzu. Wenn Sie frischen Spinat verwenden, sollte das Gericht etwa 10 Minuten lang köcheln, bis der Spinat gegart ist. Bei TK-Spinat genügen wenige Minuten.

9. Lassen Sie den Eintopf noch ein wenig bei geschlossenem Deckel ziehen.

Kohlrabi-Traum / vegetarisch

ZUTATEN FÜR 3 PORTIONEN:

- 3 mittelgroße Kohlrabis
- 200 g Spinat, gewaschen und geschnitten
- 3 Tomaten
- 1 Zwiebel, fein gehackt
- 2 Zehen Knoblauch, fein gehackt
- 80 g geriebener Käse
- 200 ml Sahne
- etwas Öl
- Salz, Pfeffer, Muskatnuss gemahlen

NÄHRWERTE PRO PORTION

340 kcal | 14 g Kohlenhydrate | 12 g Eiweiß | 25 g Fett

ZUBEREITUNG:

1. Schälen Sie die Kohlrabis und kochen sie etwa 10 Minuten in Salzwasser, nehmen Sie sie dann aus dem Kochwasser und höhlen sie in der Mitte aus. Das herausgeschnittene Stück klein hacken, es kommt später zur Füllung dazu. Das Kochwasser zur Seite stellen, nicht weggießen!

2. Waschen Sie die Tomaten, schneiden sie auf, putzen die Kerne heraus und schneiden Sie sie in kleine Würfel.

3. Nun erhitzen Sie im Dutch Oven etwas Öl und braten darin die gehackte Zwiebel und den Knoblauch an, geben dann den Spinat hinzu und dünsten ihn ein paar Minuten mit. Würzen Sie die Masse mit Salz, Pfeffer und etwas Muskatnuss. Fügen Sie nun auch die gewürfelten Tomaten und das gehackte Kohlrabifruchtfleisch zur Füllung dazu und vermischen alles gut. Dann nehmen Sie den Topf vom Feuer.

4. Füllen Sie die Kohlrabis mit der Masse und setzen Sie sie mit der Öffnung nach oben in den DO. Mit dem Kochwasser gießen Sie bis 2 Zentimeter Höhe auf und geben auch die Sahne hinzu. Sollte von der Füllung noch etwas übrig sein, können Sie es zur Soße geben, das gibt zusätzlichen Geschmack.

5. Streuen Sie den geriebenen Käse auf die Kohlrabis.

6. Machen Sie den Deckel des Dutch Oven zu, sorgen Sie für gleichmäßige Hitze von oben und unten. Das Gemüse soll etwa 30 bis 40 Minuten schmoren, bis die Kohlrabis fertig gegart sind und

der Käse goldbraun ist. Dann öffnen Sie den Deckel und lassen die Soße etwa 10 Minuten lang eindicken.

7. Zuletzt schmecken Sie die Soße mit Salz und Pfeffer ab.

Als Beilage passen hier Kartoffel-Wedges.

Veganes Chili

ZUTATEN FÜR 6 PORTIONEN:

- 1 Zwiebel, fein gehackt
- 2 große rote Paprikaschoten, gehackt
- 2 Möhren, in kleine Stücke geschnitten
- 1 große Knolle Sellerie, in kleine Würfel geschnitten
- 5 Zehen Knoblauch, durch die Knoblauchpresse gedrückt
- 2 EL Chilipulver
- 1 EL gemahlener Kreuzkümmel
- 2 TL getrockneter Oregano
- 2 TL Salz
- ½ frisch gemahlener schwarzer Pfeffer
- ¼ TL Cayennepfeffer
- 750 g gebratene gewürfelte Tomaten, Soße nicht weggießen
- 150 g gebratene grüne Chilis, Soße nicht weggießen
- 2 x 400 g unterschiedliche Bohnen in der Dose
- etwa 300 - 500 ml Gemüsebrühe

- 400 g Mais (abgetropft)
- 2 EL Öl

397 kcal | 48,9 g Kohlehydrate | 14,7 g Eiweiß | 10,7 g Fett

ZUBEREITUNG:

1. Dünsten Sie als erstes die gehackte Zwiebel in heißem Öl an, dann geben Sie den Knoblauch sowie die Paprikaschoten, die Sellerie und die Möhre dazu und rösten alles zusammen unterständigem Rühren etwa 10 Minuten.

2. Als nächstes geben Sie die Gewürze zu – Chilipulver, Kreuzkümmel, Oregano, Salz, Pfeffer und Cayennepfeffer. Verrühren und vermischen Sie alles gut.

3. Geben Sie nun die Tomaten, grünen Chilis und 250 ml der Gemüsebrühe zu. Rühren Sie gut um.

4. Aufkochen lassen und dann etwa 30 Minuten lang köcheln, bis der Eintopf so weit eingedickt ist, wie Sie es mögen. Wollen Sie es etwas dünnflüssiger, können Sie noch Brühe hinzufügen.

5. Zuletzt kommen noch Bohnen und Mais in den Topf, lassen Sie es weitere 10 Minuten köcheln.

Vorschläge für Toppings: geröstete Kürbiskerne / Limettenspalten / Avocadoscheiben / Korianderblättchen

Kichererbsen-Curry / vegan

ZUTATEN FÜR 6 PORTIONEN:

- 2 Zwiebeln, in feine Streifen geschnitten
- 1 kleine Zwiebel oder Schalotte im Ganzen + 2 Gewürznelken, in die Schalotte gesteckt
- 500 g Kichererbsen (vorgegart oder Dose)
- 200 g TK-Erbsen
- 4 große Kartoffel, mundgerecht gewürfelt
- 3 Möhren, gewürfelt
- ½ Rose Brokkoli, in Röschen zerteilt
- ½ Rose Blumenkohl, in Röschen zerteilt
- 5 Zehen Knoblauch, durch die Knoblauchpresse gedrückt
- 2 cm Ingwer, fein gerieben oder 1 TL gemahlener Ingwer
- 400 ml Gemüsebrühe
- 600 ml Kokosmilch
- 2 EL Sesamöl oder geschmacksneutrales Öl
- 1 Zimtstange
- 3 TL Currypulver
- 2 TL gemahlener Koriander
- Salz

NÄHRWERTE PRO PORTION:

734 kcal | 74,7 g Kohlehydrate | 26 g Eiweiß | 32,9 g Fett

ZUBEREITUNG:

1. Lassen Sie im heißen Öl die Zwiebel glasig werden und geben dann den Knoblauch und den Ingwer zu und rösten beides kurz mit.

2. Geben Sie die Kartoffeln, Brokkoli- und Blumenkohlröschen und Möhren zu und braten alles unter ständigem kräftigen Rühren etwa 3 Minuten weiter.

3. Fügen Sie nun auch die Schalotte mit den Gewürznelken und die Zimtstange zu und rösten alles zusammen etwa 1 Minute.

4. Nun fügen Sie Currypulver und Koriander hinzu und braten die Gewürze ebenfalls kurz mit. Achtung, nicht zu lange mitrösten, sonst wird es eventuell bitter!

5. Löschen Sie mit der Gemüsebrühe ab, rühren gut um, dann kommen die Kokosmilch und die Kichererbsen dazu. Würzen Sie mit Salz.

6. Nach etwa 10 Minuten Garzeit fügen Sie noch die TK-Erbsen hinzu. Köcheln Sie das Curry, bis die Kartoffeln, Brokkoli und Blumenkohl weich sind.

FINGERFOOD & PARTYSNACKS

Pizzahappen

ZUTATEN FÜR 1 PORTION (CA. 25 HAPPEN):

Teig:

- 250 g Mehl
- 75 ml lauwarme Milch
- 75 ml lauwarmes Wasser
- ½ Würfel Hefe (20 g)
- 1 EL Olivenöl
- ½ TL Oregano, getrocknet
- ½ TL Salz
- 1 TL Zucker

Füllung:

- 3 EL Ketchup oder mit wenig Wasser angerührtes Tomatenmark
- 200 g Schinken in dünnen Scheiben
- 150 g Crème fraîche mit Kräutern
- 200 g Käse, gerieben

NÄHRWERTE PRO STÜCK (BEI 25 STÜCK)

101 kcal | 8 g Kohlenhydrate | 6 g Eiweiß | 5 g Fett

ZUBEREITUNG:

1. Das Mehl sieben Sie in eine Schüssel und drücken eine kleine Mulde in die Mitte.
2. Milch und Wasser werden gemeinsam erwärmt.
3. Die Hefe verrühren Sie mit ein wenig von dieser Mischung und dem Zucker und gießen es in die Mehlmulde. Darüber stäuben Sie ein wenig Mehl und lassen es etwa 1/4 Stunde zugedeckt an einem warmen Ort gehen.
4. Danach fügen Sie die restliche Milch-Wassermischung hinzu, ebenso Salz, Oregano und Olivenöl, mischen und schlagen es kräftig durch und verarbeiten alles zu einem eher festen Teig - etwa 10 Minuten lang kneten, dann noch einmal 30 Minuten zugedeckt gehen lassen.
5. Nun rollen Sie den Teig etwa 40 x 40 cm aus und halbieren ihn.
6. Auf jeder Hälfte streichen Sie nun zuerst Ketchup (Tomatenmark) dünn auf, danach belegen Sie den Teig mit Schinken.
7. Über den Schinken streichen Sie die Crème fraîche auf und streuen etwa die Hälfte des geriebenen Käses darüber.
8. Danach rollen Sie die Teighälften der Länge nach auf und schneiden davon je 12 bis 13 Rollen ab.
9. Den Dutch Oven legen Sie danach mit Backpapier aus und setzen die Rollen dicht nebeneinander hinein, lassen Sie alles noch mal 10 Minuten gehen.
10. Danach streuen Sie den restlichen Käse auf die Rollen.
11. Schließen Sie den Deckel und stellen Sie den Kessel auf die glühenden Briketts. Nach etwa 20 Minuten sind die Pizzahappen fertig.

Wurst-Paprika-Sandwiches

ZUTATEN FÜR 6 PORTIONEN:

- 4 Stk. Paprikaschoten, gelb und / oder rot
- 1 grüne Chilischote
- 3 kleine Zwiebeln
- 6 Zehen Knoblauch
- 3 längliche Brötchen, eher weich (wie Hamburger-Brötchen)
- 600 g Fleischwurst
- 5 EL Olivenöl
- 2 EL Tomatenmark
- 1/3 Tasse Rotweinessig

NÄHRWERTE PRO PORTION

593 kcal | 29 g Kohlenhydrate | 18 g Eiweiß | 43 g Fett

ZUBEREITUNG:

1. Schneiden Sie die Paprikaschoten und die Chilischote der Länge nach in Streifen und entfernen Sie die Kerne.

2. Schälen Sie die Zwiebeln, halbieren sie, schneiden Sie den Wurzelansatz heraus und die Zwiebeln der Länge nach in je drei Spalten.

3. Schälen Sie den Knoblauch und schneiden Sie ihn in ganz dünne Scheibchen.

4. Schneiden Sie die drei Brötchen auseinander, jedoch nicht ganz durch, sodass sie an einer Seite noch zusammenhängen und man sie „aufklappen" kann.

5. Kochen Sie die Fleischwürste in einem extra Topf in Wasser etwa 8 Minuten vor.

6. Erhitzen Sie im Dutch Oven 2 EL Olivenöl und braten darin Zwiebeln und Knoblauch an, bis die Zwiebelschnitze etwas weicher werden. Rühren Sie dabei ständig um, um das Anbrennen des Knoblauchs zu verhindern.

7. Fügen Sie die Paprikaschoten und die Chilischote zu sowie einen weiteren EL Öl und rühren Sie gut um. Würzen Sie mit Salz und Pfeffer und lassen Sie alles etwa 10 bis 15 Minuten bei mittlerer Hitze schmoren. Hin und wieder umrühren.

8. Schieben Sie nun das Gemüse im Topf etwas zur Seite, sodass Sie in der Mitte das Tomatenmark rösten können. Rösten Sie so lange, bis das Tomatenmark dunkel wird und am Topfboden etwas anhaftet (etwa 3 Minuten).

9. Löschen Sie nun mit Essig ab, verrühren alles kräftig und lösen dabei das anhaftende Tomatenmark wieder vom Topfboden, sodass es sich mit dem Gemüse mischt.

10. Lassen Sie die Gemüsemischung bei offenem Topf weitere 8 bis 10 Minuten köcheln.

11. Halbieren Sie die vorgekochten Würste der Länge nach.

12. Erhitzen Sie in einer Extra-Pfanne das restliche Olivenöl und legen die Wursthälften mit der Schnittseite nach unten ein. Nun braten Sie die Würste, indem Sie mit dem Kochlöffel die Hälften immer wieder nach unten drücken, sodass sie gut auf dem

Pfannenboden aufliegen und durchgebraten werden. (Oberseite nicht braten!)

13.   Nun füllen Sie den Großteil des Paprika-Zwiebel-Gemüses in die drei Brötchen und legen in jedes Brötchen noch zwei oder drei Wursthälften dazu.

14.   Die gefüllten Brötchen werden nun noch mal der Breite nach durchgeschnitten. Legen Sie die Brötchen mit der aufgeklappten Seite nach oben auf einen Teller und verteilen Sie das restliche Gemüse darauf.

Hot Chicken Thighs

Köstlicher Party-Snack

ZUTATEN FÜR 24 STÜCK:

- 24 Hähnchenunterschenkel („Drumsticks")
- 5 cm frischer Ingwer, geschält und gehackt
- 10 Knoblauchzehen
- 5 frische Chilischoten
- 100 g Honig
- 100 g Zuckerrübensirup
- 150 ml Sojasoße
- 100 ml Marsala
- 3 EL Chilisoße

- 4 EL Sesam

- 1 EL Sesamöl

- 1 EL schwarzer Pfeffer

- ½ TL edelsüßes Paprikapulver

- Salz

NÄHRWERTE PRO STÜCK

218 kcal | 8 g Kohlenhydrate | 22 g Eiweiß | 10 g Fett

ZUBEREITUNG:

1. Waschen Sie die Hähnchenkeulen und tupfen sie trocken.

2. Mischen Sie das Paprikapulver mit 1 EL Salz und reiben Sie die Keulen damit ein.

3. Schälen Sie Knoblauch und Ingwer und hacken beides sehr fein.

4. Vermengen Sie nun alle restlichen Zutaten miteinander, fügen Knoblauch und Ingwer hinzu und verrühren alles sehr gut.

5. Mit dieser Marinade werden die Drumsticks eingestrichen und zugedeckt über Nacht in den Kühlschrank gestellt. Die restliche Marinade stellen Sie zur Seite.

6. Fetten Sie den Dutch Oven innen etwas und schichten Sie die Schenkel ein. Die restliche Marinade kommt ebenfalls in den Kessel. Nun schließen Sie den Deckel und platzieren etwa die Hälfte der glühenden Briketts darauf.

7. Die Garzeit beträgt etwa zwei Stunden. Währenddessen schauen Sie immer wieder mal in den Kessel und bestreichen die Schenkel mit der darin befindlichen Marinade.

Dazu schmeckt frisches Brot und grüner Salat.

Gefüllte Bacon-Kartoffeln

Der wandelbare Dutch Oven Party-Klassiker

ZUTATEN FÜR 1 PORTION:

- 2 in der Schale vorgekochte große Kartoffeln, Schale dranlassen!
- 2 Eigelb
- 4 dünne Scheiben Bacon
- 50 g Cheddarkäse, grob geraffelt
- 2 EL weiche Butter
- Prise Cayennepfeffer
- Salz, Pfeffer
- zwei Zweiglein frischer Thymian
- 2 EL Sour Cream
- einige Blätter frischer grüner Salat

NÄHRWERTE PRO PORTION (2 GEFÜLLTE KARTOFFELN)

603 kcal | 30 g Kohlenhydrate | 24 g Eiweiß | 42 g Fett

ZUBEREITUNG:

1. Schneiden Sie von den vorgekochten ungeschälten Kartoffeln auf der Längsseite eine Kappe ab. An dieser Stelle höhlen Sie nun die Kartoffeln mit einem kleinen Löffel so aus, dass noch ein Rand von etwa 1 Zentimeter stehen bleibt. Die herausgeschabte Kartoffelmasse stellen Sie zur Seite.

2. Streichen Sie die Baconscheiben mit einem Messer mit glatter Schneide auf einem Brett ganz dünn aus, sodass sie um etwa die Hälfte länger werden und schneiden Sie sie in je 3 oder 4 Teile.

Durch das Ausstreichen werden die Scheiben dünner und beim Braten rascher knusprig.

3. Die Baconstreifenstücke wickeln Sie so in und um die ausgehöhlten Kartoffeln, dass sie ganz davon umhüllt sind.

4. Die fertig eingewickelten Kartoffeln setzen Sie nun mit der Höhlung nach oben in den vorgeheizten Dutch Oven, schließen den Deckel und braten sie so lange, bis der Bacon knusprig ist. Das dauert bei 150° etwa 30 Minuten.

5. In der Zwischenzeit vermischen Sie das herausgeschabte Kartoffelinnere mit der weichen Butter, etwa 40 g geriebenem Cheddar und den 2 Eigelb, würzen mit Cayennepfeffer, Salz und Pfeffer.

6. Ist der Bacon knusprig, holen Sie die Kartoffeln aus dem DO und füllen diese mit der eben fertiggestellten Kartoffelmasse. Obenauf streuen Sie noch ein wenig geriebenen Cheddar.

7. Die so vorbereiteten Kartoffeln werden wieder in den DO gesetzt, nun bei Oberhitze, indem man auf den Deckel mehr Briketts legt. Bei geschlossenem Deckel werden sie so lange gegart, bis der Käse geschmolzen und goldgelb ist (etwa 10 Minuten).

8. Währenddessen bereiten Sie einen Teller vor, den Sie mit einigen Salatblättern belegen. Darauf setzen Sie die fertigen Kartoffeln, geben als Topping etwas Sour Cream obenauf und garnieren mit je einem Thymianzweiglein.

Lush Chicken Burger

ZUTATEN FÜR 15 PORTIONEN (BURGER):

- 5 x doppelte Hühnerbrust
- etwa 30 - 35 Scheiben Bacon zum Auslegen des DO
- weitere 10 Scheiben Bacon, in je drei Teile geschnitten und knusprig gebraten
- Magic Dust BBQ-Rub (siehe „Dips & Rubs")
- 4 Pkg. Frischkäse zu je 200 g
- 300 g Cheddarkäse, grob geraffelt
- 10 Zehen Knoblauch, geschält und gehackt
- 15 große Burger-Brötchen, aufgeschnitten, die Innenflächen getoastet
- BBQ-Sauce
- 15 große Salatblätter
- 10 frische mittelgroße Tomaten
- 3 große Zwiebeln, in Ringe geschnitten

NÄHRWERTE PRO BURGER

663 kcal | 55 g Kohlenhydrate | 47 g Eiweiß | 27 g Fett

ZUBEREITUNG:

1. Legen Sie den Dutch Oven mit den Baconscheiben innen komplett aus – das dient auch als Anbackschutz und schmeckt zudem köstlich.

2. Legen Sie die Hühnerbrüste auf den Bacon und würzen sie kräftig mit BBQ-Rub. Darüber streuen Sie nun den gehackten Knoblauch und bedecken alles mit einer dicken Schicht Frischkäse.

3. Darauf verteilen Sie den geriebenen Cheddar.

4. Nun werden die an der Topfwand überstehenden Enden der Baconstreifen über die geschichteten Zutaten gelegt. Sollte in der Mitte noch eine freie Stelle bleiben, legen Sie darüber ebenfalls noch einige Streifen Bacon, bis alles bedeckt ist.

5. Deckel drauf und den Kessel auf die glühenden Briketts stellen, auf den Deckel kommen auch reichlich Briketts.

6. Die Schmorzeit dauert etwa 3 Stunden. Danach ist das Hühnerfleisch ganz weich, auch der Bacon zerfällt, wenn Sie mit der Gabel durch die Masse fahren – so soll es sein. Sie vermischen nun alles nach und nach mit der Gabel miteinander.

7. Danach bereiten Sie die getoasteten Burger-Sandwiches vor, indem Sie auf die Innenseite des Deckels großzügig BBQ-Soße auftragen, auf den Sandwichboden legen Sie ein großes Salatblatt.

8. Darauf kommt nun ein kleiner Schöpflöffel voll von der Hühnerfleischmasse.

9. Diese garnieren Sie mit einigen Tomatenscheiben, den Zwiebelringen, toppen das Ganze mit ein paar Stückchen knusprigen Bacon und klappen das Sandwich zu.

Zwiebelkuchen

ZUTATEN FÜR 6 PORTIONEN:

- 6 große Zwiebeln, in feine Streifen geschnitten
- 250 g würfelig geschnittener Speck
- 2 EL Öl
- 6 Scheiben Cheddar
- 2 Becher saure Sahne à 250 ml
- 2 Eier
- 1 EL Kümmel im Ganzen
- 1 TL frisch gemahlener schwarzer Pfeffer
- 1 kräftige Prise Muskatnuss
- Salz

Teig:

- 250 g Mehl
- ½ Würfel Hefe
- etwas Salz und Zucker
- 125 ml lauwarme Milch
- 3 EL Öl

NÄHRWERTE PRO PORTION:

591 kcal | 37,8 g Kohlehydrate | 23,1 g Eiweiß | 37,8 g Fett

ZUBEREITUNG:

1. 22 Glühbriketts vorbereiten – 2 für unten, 20 für den Deckel.
2. Bereiten Sie zunächst den Hefeteig zu:

a. Rühren Sie die Hefe mit 5 EL lauwarmer Milch an und fügen je eine Prise Salz und Zucker hinzu.

b. Nach etwa 20 Minuten Gärzeit verrühren Sie die angesetzte Hefe, die restliche lauwarme Milch und das Öl zu einem weichen Teig, den Sie kneten, bis er sich von der Schüssel löst.

c. Lassen Sie ihn an einem warmen Ort gehen, bis er sein Volumen etwa verdoppelt hat.

3. In der Zwischenzeit braten Sie in einer Pfanne den Speck an und fügen dann die in feine Streifen geschnittenen Zwiebeln und Kümmel, Pfeffer, Muskat und Salz hinzu.

4. Verquirlen Sie die saure Sahne mit den Eiern, schmecken mit etwas Salz ab und geben die Mischung zu der Zwiebel-Speckmasse.

5. Legen Sie Backpapier in den DO und ziehen es auch an den Innenwänden hinauf. Da hinein legen Sie den noch mal durchgekneteten Teig, schließen den Deckel, auf den Sie 3 Glühbriketts legen und lassen den Teig noch mal gehen.

6. Danach bringen Sie die Zwiebel-Speckmasse auf den Teig auf und schließen den Deckel.

7. Mit 2 Briketts unten und 20 auf dem Deckel backen Sie den Zwiebelkuchen etwa eine Stunde.

Pikante Hefeschnecken

ZUTATEN FÜR 8 PORTIONEN:

- 500 g Mehl, am besten Type 00 (Pizzamehl)
- 1 Würfel frische Hefe
- 1 TL Zucker
- 1 TL Honig
- 3 EL Olivenöl
- 1 EL Salz
- ca. ¼ Liter Wasser

Belag – nach Wunsch, zum Beispiel:

- Basilikum-Pesto oder Pizzasoße
- Salami oder Schinken, gewürfelt
- gedünstete Champignons
- Mais
- geraffelter Cheddar
- Paprikaschote, gehackt

NÄHRWERTE PRO PORTION (OHNE BELAG):

269 kcal | 45,9 g Kohlehydrate | 6,9 g Eiweiß | 5,8 g Fett

ZUBEREITUNG:

1. Verrühren Sie Wasser mit Zucker, Hefe und Honig und lassen es etwa 20 Minuten gären.

2. Danach mischen Sie das Mehl unter und kneten den Teig so lange, bis er sich von der Schüssel löst. Danach lassen Sie den Teig etwa 3 Stunden lang ruhen.

3. Nach der Ruhezeit rollen Sie den Teig auf etwa 3 mm Dicke aus und belegen ihn nach Wunsch.

4. Rollen Sie nun den Teig auf und schneiden von der Teigrolle etwa 6 cm breite Stücke ab.

5. Breiten Sie in den DO Backpapier, das Sie auch an der Innenwand hochziehen. Darauf setzen Sie nun die Teigrollenstücke nebeneinander, mit der „offenen" Seite nach oben / unten.

6. Backen Sie die Hefeschnecken etwa 40 Minuten.

BROT & BRÖTCHEN

Schweizer Zwiebel-Brot

ZUTATEN:

- 1 kg Weizenmehl
- 1 Würfel Hefe (40g)
- 300 ml lauwarmes Wasser
- 2 große Zwiebeln, gehackt und geröstet
- 200 g Käse, z.B. Emmentaler, gerieben
- 2 EL Salz

ZUBEREITUNG:

1. Rühren Sie die Hefe mit Salz an (Hefe wird dadurch flüssig).

2. Mehl, lauwarmes Wasser und Hefe kneten Sie nun zu einem Teig – eventuell müssen Sie noch Wasser zugeben, der Teig darf nicht bröckeln.

3. Käse und Röstzwiebeln werden dazu gemischt und der Teig noch mal 5 Minuten lang gut durchgeknetet, danach lassen Sie ihn etwa eine halbe Stunde zugedeckt ruhen.

4. Um die fürs Backen geeignete Temperatur von etwa 200° zu erreichen, werden für den Deckel des Dutch Oven etwa dreimal so viele Briketts gebraucht wie für unten, in diesem Fall 21 oben, 7 unten. Während der Teig aufgeht, können Sie diese Vorbereitungen treffen.

5. Um ein Ankleben des Teiges zu verhindern, legen Sie den DO mit Backpapier aus, füllen den Teig ein und verschließen den Topf mit dem Deckel.

6. Nach etwa 1,5 Stunden ist das Brot fertig. Allerdings sollte man schon nach etwa einer Stunde immer mal wieder nachsehen. Ob das Brot durchgebacken ist, können Sie feststellen, indem Sie mit einem dünnen Holzstäbchen hineinstechen – wenn kein Teig daran haftet, ist das Brot fertig.

Fünf-Kräuter-Zupfbrot

ZUTATEN FÜR 6 PORTIONEN:

- 750 g Weizenmehl
- 1 Würfel Hefe (40 g)
- 500 ml warmes Wasser
- 100 g geriebener Käse, z.B. Parmesan
- 1 EL Zucker
- 2 TL Salz
- 4 EL Öl
- etwas Öl zum Bestreichen
- 1 Bund Basilikum, frisch
- 1 Zweig Salbei, frisch
- Thymian, frisch
- Rosmarin, frisch
- etwas Oregano

NÄHRWERTE PRO PORTION

537 kcal | 90 g Kohlenhydrate | 17 g Eiweiß | 10 g Fett

ZUBEREITUNG:

1. Verrühren Sie die Hefe in etwas Wasser und mischen Zucker, Salz und 4 EL Öl unter, restliches Wasser dazu gießen.

2. Vermengen Sie die Flüssigkeit nun mit dem Mehl und arbeiten Sie die kleingehackten Kräuter und den geriebenen Käse ein. Den Teig

dann in der Küchenmaschine 5 Minuten kneten; sollte er zu weich sein, können Sie noch etwas Mehl zugeben.

3. Nun den Teig eine Stunde zugedeckt ruhen lassen.

4. Wenn der Teig fertig aufgegangen ist, formen Sie daraus kleine Kugeln, die Sie mit ein wenig Öl bestreichen und nebeneinander in den kalten Dutch Oven setzen.

5. Die glühenden Briketts werden nun aufgeteilt, 1/3 kommt unter den Kessel, 2/3 werden auf den Deckel gelegt.

6. Nach etwa einer halben Stunde ist das Zupfbrot fertig gebacken.

Sauerrahm-Brot

ZUTATEN FÜR EINEN LAIß:

- 250 g Roggenmehl
- 250 g Weizenmehl
- 200 ml lauwarmes Wasser
- ½ Würfel frische Hefe (20 g)
- 160 ml Sauerrahm
- 2 EL Essig
- 2 TL Salz
- 2 TL Honig

NÄHRWERTE PRO SCHEIBE (BEI 15 STÜCK)

129 kcal | 24 g Kohlenhydrate | 4 g Eiweiß | 1,5 g Fett

ZUBEREITUNG:

1. Die Hefe lösen Sie im lauwarmen Wasser auf, fügen Salz, Honig und Essig zu, gut durchrühren.

2. Vermischen Sie Roggen- und Weizenmehl in einer Schüssel, rühren Sie den Sauerrahm und die Hefemischung langsam ein und verarbeiten alles zu einem Teig, der so lange geknetet werden soll, bis er sich von der Schüssel löst.

3. Schüssel zudecken und den Teig an einem warmen Ort 90 Minuten lang gehen lassen.

4. Danach arbeiten Sie den Teig auf einer bemehlten Arbeitsfläche noch einmal kurz und kräftig durch.

5. Kleiden Sie den Dutch Oven mit Backpapier aus, legen den Teig mittig hinein und verschließen den Kessel mit dem Deckel.

6. Die Backzeit beträgt ungefähr 45 Minuten bei etwa 230°. Wenn Sie mit dem Fingerknöchel aufs Brot klopfen und es klingt hohl, ist es fertig.

Brötchen-Sonne

ZUTATEN FÜR 7 BRÖTCHEN:

- 700 g Weizenmehl
- 30 g frische Hefe
- 300 ml lauwarme Milch

- 2 Eier

- 50 ml Rapsöl

- 50 g Butter

- 1 EL Zucker

- ½ TL Salz

- Saaten nach Wahl, z.B. Mohn, Sesam weiß und schwarz, Kümmel, Kürbiskernschrot

513 kcal | 73 g Kohlenhydrate | 13 g Eiweiß | 17 g Fett

ZUBEREITUNG:

1. Lösen Sie die Hefe in der lauwarmen Mich auf und fügen Sie den Zucker hinzu, gut umrühren und etwa 10 Minuten stehen lassen.

2. Gießen Sie die Milch-Hefemischung zum Mehl in eine Schüssel, geben die Butter, das Öl , die 2 Eier und das Salz dazu. Mit der Küchenmaschine etwa 10 Minuten lang kneten, bis sich der Teig von der Schüssel löst.

3. Auf einer bemehlten Arbeitsfläche formen Sie nun den Teig zu einer glatten Kugel.

4. Den Dutch Oven mit Backpapier auslegen. Von der Teigkugel nun vorsichtig etwa ein Siebtel abtrennen und wieder zu einer kleinen glatten Kugel formen, wobei man den Teigling mit den Händen auf der Arbeitsfläche immer wieder dreht und hin und wieder mit der Handfläche etwas flachdrückt. So weitermachen, bis das Teil

rundum ganz glatt ist. Mit dem restlichen Teig ebenso verfahren und insgesamt sieben kleine Kugeln formen.

5. Auf einem größeren Teller werden nun die verschiedenen Saaten zu Häufchen aufgelegt, man bestreicht die Kugeln mit Wasser, fasst sie vorsichtig von unten an und taucht sie in eine der Saaten.

6. Die Kugeln legen Sie nun mit den Saaten nach oben in den DO, und zwar beginnen Sie in der Mitte und legen die restlichen sechs rundum, wobei zwischen den Kugeln jeweils ein kleiner Abstand bleiben soll – beim Backen gehen sie ja noch mal auf und haften danach zusammen.

7. Den Dutch Oven verschließen und die glühenden Briketts oben und unten etwa gleich verteilen für gute Ober- und Unterhitze.

Die Backzeit beträgt etwa 45 Minuten bei 180°.

Simples Lagerfeuer-Brot

ZUTATEN FÜR EINEN BROTLAIB:

- 1 Würfel Hefe
- 400 ml warmes Wasser
- 1 TL Salz
- 1 TL Zucker
- 500 g Mehl
- 50 g Butter, zerlassen

- 1 TL Kümmel im Ganzen

- 1 TL gerebelter Thymian

NÄHRWERTE FÜR DAS GANZE BROT:

2113 kcal | 360,4 g Kohlehydrate | 54,3 g Eiweiß | 47 g Fett

ZUBEREITUNG:

1. Verrühren Sie warmes Wasser mit Hefe und zerlassener Butter, fügen Salz und Zucker hinzu und vermischen es mit dem Mehl und den Gewürzen. Kneten Sie den Teig einige Minuten durch, dann lassen Sie ihn 3 Stunden lang gehen.

2. Bereiten Sie im Lagerfeuer etwa 30 Glühbriketts vor, 15 für oben, 15 für unten. Sobald die Briketts glühen, platzieren Sie einen Rost darüber, auf den Sie den DO stellen und heiß werden lassen.

3. Nach der Gehzeit entnehmen Sie den Teig, kneten ihn noch mal kurz durch, geben ihn auf ein Backpapier, das Sie mitsamt dem Brotteig in den heißen DO heben.

4. Schließen Sie den Topf mit dem Deckel, auf den Sie 15 Glühbriketts legen. Backen Sie das Brot etwa 40 Minuten (immer wieder nachschauen!).

Buttermilch-Brötchen

ZUTATEN FÜR ETWA 10 PORTIONEN:

- 500 g Mehl, Type 550

- 2 EL Backpulver

- 1 gute Prise Salz

- 150 g kalte Butterstücke

- 500 ml Buttermilch

- 50 ml geschmacksneutrales Pflanzenöl

NÄHRWERTE PRO PORTION:

340 kcal | 37,6 g Kohlehydrate | 6,8 g Eiweiß | 17,6 g Fett

ZUBEREITUNG:

1. Bereiten Sie insgesamt 37 Briketts vor, 15 für unten, 22 für oben.

2. Vermengen Sie Mehl, Backpulver und Salz, geben die kalte Butter zu und verkrümeln alles gut miteinander, sodass keine großen Butterstückchen mehr im Teig sind.

3. Gießen Sie nun nach und nach die Buttermilch zu und verkneten alles gut miteinander. Es soll ein etwas klebriger und weicher Teig entstehen.

4. Mit bemehlten Händen formen Sie aus dem Teig eine Kugel und drücken diese auf einer bemehlten Arbeitsfläche zu einem etwa 3 cm dicken Fladen aus.

5. Gießen Sie das Öl in den DO und verteilen es über den ganzen Boden.

6. Mit einer runden Form (z.B. Becher) stechen Sie aus dem Fladen runde Küchlein aus und wenden jedes einzelne im Öl im DO. Legen

Sie die Teiglinge direkt nebeneinander, bis der ganze Boden bedeckt ist.

7. Schließen Sie den Deckel und stellen den DO auf die vorbereiteten glühenden Briketts (15 Stück), auf den Deckel legen Sie 22 Stück.

8. Backen Sie die Brötchen etwa 40 Minuten.

Schmecken gut mit Butter und Honig oder Marmelade.

KUCHEN

Paradieskuchen

ZUTATEN FÜR EINEN KUCHEN (8 PORTIONEN):

- 200 g Zucker
- 200 g Butter
- 450 g Weizenmehl
- 2 Eier
- 4 Äpfel
- 1 Tütchen Vanillezucker
- 1 Tütchen Backpulver

- Zimt

- 2 EL Rohrzucker

NÄHRWERTE PRO PORTION

547 kcal | 76 g Kohlenhydrate | 7 g Eiweiß | 23 g Fett

ZUBEREITUNG:

1. Schmelzen Sie die Butter, bis sie flüssig ist.

2. Verrühren Sie Eier, flüssige Butter, Vanillezucker und Zucker gut miteinander.

3. Nun sieben Sie das mit dem Backpulver vermischte Mehl über die Masse und verkneten alles zu einem etwas krümeligen Teig.

4. Kleiden Sie den Dutch Oven mit Backpapier aus und drücken Sie etwa zwei Drittel des Teigs auf den Topfboden, wobei Sie den Rand rundherum etwa 10 Zentimeter hochdrücken, sodass eine „Teigschüssel" entsteht.

5. Nun schälen und entkernen Sie die Äpfel, schneiden sie in kleine Stücke und vermischen sie mit Zimt und Rohrzucker.

6. Die Apfelmasse füllen Sie in die „Teigschüssel". Den restlichen Teig zerkrümeln Sie zwischen den Fingern und streuen ihn über die Äpfel.

7. Schließen Sie den DO mit dem Deckel. Für ein gutes Backergebnis sollten nun oben auf dem Deckel mehr Briketts liegen als unter dem Topf.

8. Die Backzeit beträgt etwa 1 Stunde. Der Kuchen schmeckt besonders gut, wenn er noch warm ist.

Tropischer Rumkuchen

Eine Gaumenfreude für erwachsene Genießer

ZUTATEN:

- 200 g Walnusskerne, grob gehackt
- 500 g Mehl
- 350 g Zucker
- 300 g brauner Rohrzucker
- 2 Tütchen Backpulver
- 1 Päckchen Puddingpulver Vanille
- 2 x 125 g Butter
- 4 Eier
- 150 ml Milch
- 1 x 150 ml und 1 x 200 ml dunkler Rum
- 100 ml neutrales Pflanzenöl
- 100 ml Wasser

NÄHRWERTE PRO STÜCK (BEI 20 STÜCKEN)

282 kcal | 51 g Kohlenhydrate | 4 g Eiweiß | 6 g Fett

ZUBEREITUNG:

1. Fetten Sie den Dutch Oven mit Butter gut ein und verteilen die grobgehackten Walnusskerne auf dem Boden des Kessels.
2. Vermischen Sie Mehl und Zucker und fügen das Puddingpulver hinzu.
3. Geben Sie 125 g Butter zur Mehlmischung, die Eier schlagen Sie direkt dazu in die Rührschüssel.
4. Vermischen Sie Milch, 150 ml Rum und Öl und gießen es zu den anderen Zutaten.
5. Mixen Sie alles mit der Küchenmaschine, bis ein weicher patziger Teig entsteht, den Sie auf die Walnüsse im Dutch Oven gießen. Oberfläche glattstreichen, den Deckel zumachen und bei 160° etwa 90 Minuten lang backen.
6. In der Zwischenzeit bereiten Sie den Sirup vor:

Geben Sie 125 g Butter in einen feuerfesten Topf und fügen Sie 300 g braunen Zucker zu, 200 ml Rum mit Wasser mischen und dazu gießen. Dieses Gemisch wird nun so lange eingekocht, bis dickflüssiger Sirup daraus geworden ist.

7. Mit einem Holzstäbchen stechen Sie nun in den fertig gebackenen Kuchen viele Male hinein und gießen dann den Sirup darüber. Den Sirup einziehen lassen und den Kuchen auf einen passenden Teller stürzen.

Am besten schmeckt der Kuchen, wenn er noch 24 Stunden durchziehen darf.

Käsekuchen à la Mandarin

ZUTATEN:

- 3 Eier
- 100 g zerlassene Butter
- 200 g Löffelbiskuits, zerkrümelt
- 100 g Zucker
- ½ Pkg. Puddingpulver Vanille
- 250 g Frischekäse
- 1 Zitrone, Saft und Schale
- 350 g Quark, 20%
- 200 ml saure Sahne
- 1 Glas Mandarinenspalten

NÄHRWERTE PRO STÜCK (BEI 20 STÜCKEN)

179 kcal | 715 g Kohlenhydrate | 4 g Eiweiß | 11 g Fett

ZUBEREITUNG:

1. Legen Sie den Dutch Oven mit Backpapier aus.
2. Mischen Sie die flüssige Butter mit den zerkrümelten Löffelbiskuits und drücken Sie die Masse auf den Boden des Kessels.
3. Trennen Sie die Eier und schlagen Sie das Eiweiß mit einer Prise Salz zu Schnee.
4. Verrühren Sie Quark, Frischkäse und saure Sahne, fügen den Zucker, die Zitrone und das Puddingpulver hinzu und verrühren

alles gut mit dem Handmixer. Nach und nach arbeiten Sie noch die drei Eidotter ein und rühren weiter, bis alles gut vermischt ist.

5. Nun heben Sie den Eischnee unter die Quark-Frischkäsemasse und mengen die Mandarinenspalten unter.

6. Gießen Sie die Masse auf den Löffelbiskuitboden im Topf und schließen den Topf mit dem Deckel. Empfohlen werden 6 glühende Briketts unten und 12 auf dem Deckel.

Die Backzeit beträgt etwa eine Stunde.

Spezial-Zimtschnecken

ZUTATEN:

- 500 g Mehl
- 150 g brauner Zucker
- 150 g Butter
- 1 Ei
- ½ Würfel Hefe (20 g)
- 1 Pkg. Puddingpulver Vanille
- 300 ml Milch
- 100 g geriebene Haselnüsse
- 100 g Puderzucker
- 1 Tütchen Vanillezucker
- 50 g Frischkäse

- 2 TL Zimt

NÄHRWERTE PRO STÜCK (BEI 16 STÜCK)

307 kcal | 40 g Kohlenhydrate | 5 g Eiweiß | 14 g Fett

ZUBEREITUNG:

1. Wärmen Sie die Milch etwas auf, bis sie lauwarm ist, fügen Sie 50 g Butter hinzu und lassen Sie sie in der Milch schmelzen.

2. Geben Sie nun die Hefe, das Ei, das Puddingpulver, 1 EL Zucker und 500 g Mehl dazu sowie eine Prise Salz. Diese Zutaten verkneten Sie zu einem Teig.

3. Teig zudecken und an einem warmen Platz eine Stunde lang gehen lassen.

4. Währenddessen bereiten Sie die Füllung vor: Mischen Sie Zimt und braunen Zucker.

5. Den Dutch Oven (Größe 12) legen Sie nun mit Backpapier aus.

6. Den Teig auf einer bemehlten Arbeitsfläche nicht zu dick ausrollen (etwa so groß wie ein Backblech) und mit 60 g flüssiger Butter bestreichen.

7. Nun streuen Sie auf die Teigfläche erst die Nüsse, darüber dann die Zimt-Zuckermischung.

8. Rollen Sie den Teig zu einer möglichst kompakten langen Rolle. Diese unterteilen Sie nun in etwa 16 Stücke, die Sie aufrecht in den Dutch Oven stellen.

9. Die Zimtschnecken noch einmal eine Stunde zugedeckt gehen lassen.

10. 23 Briketts im Anzündkamin vorglühen. 6 Briketts legen Sie unter den Ofen, 17 oben auf den Deckel. Die Backzeit beträgt etwa eine Stunde.

11. Während der Backzeit können Sie das Topping vorbereiten:

Puderzucker und Vanillezucker in einer Schale vermengen, die restliche Butter (40 g) schmelzen und dazu gießen und 50 g Frischkäse unterrühren. Verrühren Sie alles gut mit einem Schneebesen.

12.   Nun holen Sie die fertig gebackenen Zimtschnecken aus dem Ofen und bestreichen sie mit dem Topping.

Zwetschken-Crumble

ZUTATEN FÜR 8 PORTIONEN:

- 500 g Zwetschken (ohne Kerne gewogen)
- 100 ml Johannisbeersaft oder roter Traubensaft
- 300 g Mehl
- 1 TL Backpulver
- 200 g Zucker
- 1 Tütchen Vanillezucker
- 2 Eigelb
- 130 g sehr kalte Butter, am besten aus dem Gefrierschrank
- 3 TL Speisestärke
- 2 TL Rum (optional)
- etwas Salz

NÄHRWERTE PRO STÜCK (BEI 8 STÜCK)

422 kcal | 60 g Kohlenhydrate | 5 g Eiweiß | 15 g Fett

ZUBEREITUNG:

1. Zwetschken entkernen und mit dem Obstsaft in einer Pfanne einkochen lassen.

2. Vermischen Sie Mehl, Zucker, etwas Salz, das Backpulver und den Vanillezucker sorgfältig in einer Schüssel.

3. Die kalte Butter reiben Sie nun mit einer groben Reibe zu der Mehlmischung, fügen die zwei Eidotter und den Rum (optional) dazu.

4. Nun mengen und kneten Sie mit den Händen die Zutaten durch, bis alles gut vermischt ist.

5. Zu den köchelnden Zwetschken geben Sie die Maisstärke zu, verrühren sie gut und lassen das Obst noch 5 Minuten durchkochen. Durch die Stärke wird der Saft etwas angedickt.

6. Für die Fertigstellung des Crumbles bereiten Sie einen Dutch Oven Größe 4,5 vor.

7. Etwa ¾ der Teigmasse füllen Sie in den gefetteten Deckel des Dutch Oven und drücken sie fest. Auf dem Teigboden verteilen Sie nun die eingekochten Zwetschken.

8. Den restlichen Teig zerdrücken Sie mit den Fingern zu Streuseln und verteilen diese auf den Zwetschken.

9. Stülpen Sie den Kessel nun „upside down" über den Deckel mit dem Crumble.

10. Damit der Kuchenboden nicht zu viel Hitze bekommt, kann man zwei Stapelroste übereinanderstellen, sodass der Abstand zu

den glühenden Briketts größer wird, und darauf den Dutch Oven platzieren. Obenauf werden möglichst viele glühende Briketts gelegt, um eine Temperatur von etwa 180° zu erreichen. Backzeit etwa 40 Minuten.

Birnenkuchen

ZUTATEN FÜR 12 PORTIONEN:

- 150 g Butter
- 80 g Zucker
- 250 g Mehl
- 100 g geriebene Walnüsse
- 1 TL Backpulver
- 150 g saure Sahne
- 1,5 Kilo feste Birnen
- 4 EL Maisstärke
- 3 Tropfen Vanilleextrakt
- 350 ml Milch
- 2 Eier
- 500 g Quark

Streusel:

- 200 g Mehl
- 100 g geriebene Mandeln

- 150 g Zucker

- 200 g Butter

NÄHRWERTE PRO PORTION:

709 kcal │ 71 g Kohlehydrate │ 14,1 g Eiweiß │ 39,8 g Fett

ZUBEREITUNG:

1. Bereiten Sie die Briketts vor – 16 Stück insgesamt, 6 für unten, 10 für oben.

2. Legen Sie den Boden des DO mit Backpapier aus, es sollte auch seitlich noch etwa 10 cm in die Höhe reichen.

3. Rühren Sie Butter und Zucker schaumig, mischen Mehl mit Backpulver, Walnüssen und saurer Sahne unter und verkneten alles zu einem nicht zu weichen Teig, den Sie in einer abgedeckten Schüssel etwa eine halbe Stunde im Kühlschrank ruhen lassen.

4. In der Zwischenzeit bereiten Sie die Streusel vor: Mischen Sie Mandeln mit Mehl, Zucker und Butter und verkrümeln die Masse dann mit den Fingern zu Streusel.

5. Schälen Sie die Birnen, entfernen das Kerngehäuse und schneiden sie in grobe Stückchen.

6. Creme:

a. Rühren Sie die Maisstärke und 50 g Zucker mit 4 EL Milch an und fügen den Vanilleextrakt zu. Kochen Sie die restliche Milch auf und rühren die angerührte Maisstärke ein, kochen unter ständigem Rühren weiter, bis die Masse eindickt. Lassen Sie den Pudding abkühlen.

b. Rühren Sie die Eier mit dem restlichen Zucker (30 g) schaumig, mixen nach und nach den Quark und den Pudding unter und stellen die Creme zur Seite.

7. Holen Sie nun den Teig aus dem Kühlschrank und drücken ihn auf den mit Backpapier belegten Boden des DO.

8. Belegen Sie den Teigboden mit den Birnenstücken, streichen Sie die Quarkcreme darauf und verteilen darüber die Streuseln.

9. Stellen Sie den DO auf 6 glühende Briketts (auf feuerfester Unterlage), schließen ihn mit dem Deckel und legen auf den Deckel 10 Glühbriketts.

10. Backen Sie den Kuchen etwa 60 bis 70 Minuten – Stäbchenprobe!

DIPS & RUBS

Magic Dust BBQ-Rub

Gewürzmischung

GRUNDREZEPT
- Maßeinheit „Tasse" entspricht 250ml
- ¼ Tasse Salz
- ½ Tasse edelsüßes Paprikapulver
- ¼ Tasse granulierter getrockneter Knoblauch oder Knoblauchpulver
- ¼ Tasse brauner Zucker
- 2 TL Senfpulver oder in der Gewürzmühle gemahlene Senfkörner

- 2 TL schwarzer Pfeffer

Die folgenden Zutaten können nach Belieben in größerer oder geringerer Menge zugegeben werden:

- Kreuzkümmel (Cumin)
- Chilipulver
- Cayennepfeffer

ZUBEREITUNG:

Die Gewürze werden in einem passenden Gefäß miteinander vermengt und in einer dicht schließenden Dose aufbewahrt.

Die Mischung kann trocken ins Fleisch einmassiert werden oder aber mit Öl vermengt als Marinade dienen.

Sour Cream-Dip

ZUTATEN FÜR 8 PORTIONEN:

- 200 g Sauerrahm
- 120 g Crème fraîche
- 120 g Frischkäse
- 1 Zitrone, Saft
- 4 Zehen Knoblauch, geschält und sehr fein gehackt
- 1 mittlere Zwiebel, fein gehackt
- 1 TL Zucker

- 4 EL Schnittlauch
- Salz, Pfeffer aus der Mühle

130 kcal | 5 g Kohlenhydrate | 3 g Eiweiß | 11 g Fett

ZUBEREITUNG:

Verrühren Sie Sauerrahm, Crème fraîche und Frischkäse gut miteinander und fügen Sie die restlichen Zutaten unter ständigem Rühren nach und nach hinzu.

Mayonnaise

Grundrezept

ZUTATEN:

- 2 Eigelb
- Zitronensaft
- 1 Prise Mehl
- Senf
- 200 ml Öl
- ½ EL Essig
- 1 Prise Zucker
- Salz

ZUBEREITUNG:

1. Verrühren Sie die beiden Eigelb mit dem Schneebesen in einer Schüssel und mischen einige Tropfen Zitronensaft, das Mehl, etwas Senf und Salz dazu.

2. Beginnen Sie nun unter ständigem Rühren und Schlagen mit dem Schneebesen das Öl tropfenweise zuzugeben.

3. Schmecken Sie die Mayonnaise mit Essig und etwas Zucker ab.

Dieses Grundrezept kann nach Belieben abgewandelt werden, beispielsweise kann man der fertigen Mayonnaise Curry, Kräuter oder Knoblauch zugeben.

Sauce Remoulade

ZUTATEN:

- 1 Tasse Mayonnaise
- ½ Tasse Sauerrahm
- 1 TL Senf
- 2 TL Kapern
- 5 kleine Cornichons (Essiggürkchen)
- 1 TL gehackte Petersilie
- 1 TL gehackter Estragon

ZUBEREITUNG:

1. Verrühren Sie Mayonnaise, Sauerrahm und Senf gut miteinander.

2. Cornichons, Kapern, Petersilie und Estragon werden untergemengt.

Bacon-Salz

ZUTATEN:

- einige Scheiben Bacon
- grobes Meersalz

ZUBEREITUNG:

1. Braten Sie die Baconscheiben knusprig, das Fett muss vollkommen ausgelassen sein, die Baconscheiben knusprig-trocken. Nach dem Braten noch mal gut abtupfen mit Küchenpapier.

2. Zerkrümeln Sie den Bacon mit einem Messer und mischen Sie ihn mit dem Meersalz.

3. Nun mit dem Stabmixer in einem ausreichend hohen und schmalen Gefäß die Mischung zerkleinern.

Haftungsausschluss

Dieses Buch enthält Meinungen und Ideen des Autors / der Autorin und hat die Absicht, Menschen hilfreiches und informatives Wissen zu vermitteln. Die enthaltenen Strategien passen möglicherweise nicht zu jedem Leser, und es gibt keine Garantie dafür, dass sie auch wirklich bei jedem funktionieren. Die Benutzung dieses Buchs und die Umsetzung der darin enthaltenden Informationen erfolgt ausdrücklich auf eigenes Risiko. Haftungsansprüche gegen den Autor für Schäden materieller oder ideeller Art, die durch die Nutzung oder Nichtnutzung der Informationen bzw. durch die Nutzung fehlerhafter und/oder unvollständiger Informationen verursacht wurden, sind ausdrücklich ausgeschlossen. Das Werk, inklusive aller Inhalte, gewährt keine Garantie oder Gewähr für Aktualität, Korrektheit, Vollständigkeit und Qualität der bereitgestellten Informationen. Druckfehler und Fehlinformationen können nicht vollständig ausgeschlossen werden.